速読英単語

中学版 改訂版対応 **書き込み式**

単語ノート

JN097797

目次

■構成

本書は、『速読英単語 中学版［改訂版］』に掲載されている単語のうち，約 2,000 語の重要語について，「単語を書いて覚える」学習と，「問題を解いて単語の知識を確認する」学習を行う構成となっています。

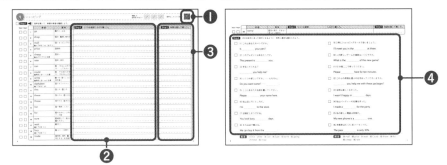

■本書の効果的な利用法

本書では繰り返し学習を通して，確実に単語を覚えることができます。

❶ Step1 音声を聞いて単語の発音とつづりを確認します。音声を聞いたら **Step1** のチェック欄にチェックをしましょう。
　　　　◇単語ページ右上掲載の二次元コードを読み取ると音声ダウンロード・ストリーミングサイトにアクセスすることができます。
　　　　https://service.zkai.co.jp/books/zbooks_data/dlstream?c=2743

❷ Step2 つづりを確認しながら，単語を書きます。⚠ の内容も確認し，間違いやすいつづりは意識して書くようにすることが大切です。自信をもって書けるようになったら，**Step2** のチェック欄にチェックをしましょう。

❸ Step3 赤シートで単語を隠し，「意味」を見て単語が書けるように練習します。確実に書けるようになったら **Step3** のチェック欄にチェックをしましょう。
　　　　◇単語の意味は『速読英単語 中学版［改訂版］』から代表的なものを抜粋しています。

❹ Step4 練習問題を解いてみましょう。重点的に覚えてほしい単語を厳選しています。実力試しの問題を解いて，例文の中でしっかり単語が書けるようにしましょう。確実に書けるようになった問題は，チェック欄にチェックをしましょう。
　　　　◇練習問題では，同じレッスン内に他にも答えとして当てはまる単語がある場合は，問題に単語の頭文字が与えられています。参考にしてください。

Step5 練習問題で自信を持って書けるようになるまで，**Step1** ～ **Step4** を繰り返しましょう。

◇ 一度で覚えきろうとするのではなく，日を置いて繰り返し取り組む方が効果的ですので，単語を書く欄を一度ですべて埋めようとする必要はありません。

◇ また，まったく不安のない単語についても無理に欄を埋めようとする必要はありません。

◇ 一方，少しでも不安の残る単語については，自然と欄が埋まっていくので，復習もそれらの単語を中心にしていくと効率的でしょう。

■『速読英単語 中学版 [改訂版]』と合わせてさらに効果 UP！

身につけたい力やレベルに応じて『速読英単語 中学版 [改訂版]』と組み合わせて使うとさらに学習効果が上がります。ぜひ，自分にあった方法で取り組んでみましょう。

■一般動詞の活用形について

　一般動詞は「単語」の列に載っている形の他，次のような形で練習問題で使われます。学校でまだ習っていない場合は，習ってから書けるようになれば問題ありません。

> □現在形：主語が 3 人称単数の場合，最後に -(e)s がつきます。
> □進行形（現在分詞）：ほとんどの動詞の場合，そのまま最後に -ing がつきます。語尾にくる文字によって，-ing のつけ方が変わる動詞もあります。
> □過去形・過去分詞：ほとんどの動詞の場合，そのまま最後に -(e)d がつきます。語尾にくる文字によって，-(e)d のつけ方が変わる動詞もあります。また，不規則動詞の場合はこの規則には当てはまらないので，1 つずつ形を覚える必要があります。

■本書で使われている記号

動：動詞	名：名詞	複：複数形	形：形容詞
副：副詞	前：前置詞	接：接続詞	代：代名詞
間：間投詞	冠：冠詞		
〔 〕：言い換え可能		（ ）：省略可能あるいは補助説明	

☐ **Step1** ◀℥ 音声を聞いて，単語の発音を確認しよう。

Step2 Step3		単 語	意 味	**Step2** つづりを確認しな～
☐ ☐	1	**go**	動行く；去る	
☐ ☐	2	**shop**	图店 動買い物をする	
☐ ☐	3	**mall** ▲o ではなく a。l は 2 つ	图ショッピングモール	
☐ ☐	4	**price**	图価格	
☐ ☐	5	**rate**	图率；割合	
☐ ☐	6	**cheap** ▲ea のつづりに注意	形安い	
☐ ☐	7	**can**	助…(することが) できる；…してもよい	
☐ ☐	8	**could** ▲発音しない l に注意	助…する能力があった；…するかもしれない	
☐ ☐	9	**write** ▲発音しない w に注意	動(を) 書く；(に) 手紙を書く	
☐ ☐	10	**alphabet** ▲f ではなく ph	图アルファベット	
☐ ☐	11	**this**	代これ 形この	
☐ ☐	12	**that**	代あれ 形あの 接…ということ	
☐ ☐	13	**list**	图一覧表；リスト	
☐ ☐	14	**for**	前のために；に向かって；の間	
☐ ☐	15	**sure**	形確信して；確かな 副もちろん	
☐ ☐	16	**wait** ▲e ではなく a	動待つ	
☐ ☐	17	**buy** ▲a ではなく u	動(に) 〜を買う	
☐ ☐	18	**trade**	图貿易；商売 動(を) 取引する；を交換する	
☐ ☐	19	**sorry**	形気の毒で；すまなく思って；残念で	

こう。

Step 3 単語を隠して書こう。

☐ (1) これはあなたのペンですか。

Is ＿＿＿＿＿ your pen?

☐ (2) このプレゼントはあなたへです。

This present is ＿＿＿＿＿ you.

☐ (3) 手伝ってくれる？

＿＿＿＿＿ you help me?

☐ (4) トイレを使ってもいいですか。——もちろん。

Can I use the bathroom? —— ＿＿＿＿＿.

☐ (5) ここにあなたの名前を書いてください。

Please ＿＿＿＿＿ your name here.

☐ (6) 私は店に行くところだ。

I'm ＿＿＿＿＿ to the store.

☐ (7) あれは何ですか。

What's ＿＿＿＿＿ ?

☐ (8) それは店で買える。

We can buy it from the ＿＿＿＿＿.

解答 (1) this (2) for (3) Can (4) Sure (5) write (6) going
(7) that (8) shop

☐ ⑼ 3 時にショッピングモールで会いましょう。

I'll meet you in the _____ at three.

☐ ⑽ この新しいゲームの値段はいくらですか。

What is the _____ of this new game?

☐ ⑾ 10 分程ここで待ってください。

Please _____ here for ten minutes.

☐ ⑿ 電話をしなくてごめんなさい。

I'm _____ that I didn't call you.

☐ ⒀ ここで飲み物を買える。

We can _____ some drinks here.

☐ ⒁ 私はパーティーの名簿を作った。

I made a _____ for the party.

☐ ⒂ 私の新しい電話は安物だ。

My new phone is a _____ one.

☐ ⒃ 合格率はたった 30 パーセントだ。

The pass _____ is only 30%.

解答 ⑼ mall　⑽ price　⑾ wait　⑿ sorry　⒀ buy　⒁ list
⒂ cheap　⒃ rate

□ **Step 1** ◀€ 音声を聞いて，単語の発音を確認しよう。

Step2	Step3		単 語	意 味	**Step2** つづりを確認しな
□	□	20	**excuse**	動を許す　名言い訳	
□	□	21	**pardon**	動を許す　名許し	
□	□	22	**park**	名公園　動（を）駐車する	
□	□	23	**bench**	名ベンチ	
□	□	24	**want**　▲oではなくa	動が欲しい	
□	□	25	**avoid**	動を避ける	
□	□	26	**yeah**	副うん；はい	
□	□	27	**far**	副遠くに；はるかに　形遠い	
□	□	28	**not**	副…でない〔しない〕	
□	□	29	**turn**	動回る；を回す；（を）曲がる　名回転；順番	
□	□	30	**return**	動を返す；戻る　名返すこと；戻ること	
□	□	31	**roll**	動転がる；を転がす；を丸める	
□	□	32	**around**　▲aではなくo	前の周りに；のあちこちに　副周りに	
□	□	33	**and**	接〜と…；そして；そうすれば	
□	□	34	**plus**　▲aではなくu	前（を）加えて　形好ましい；プラスの	
□	□	35	**look**	動見る；…に見える	
□	□	36	**sign**　▲発音しないgに注意	名標識；合図；記号　動に署名する	
□	□	37	**oh**　▲hを忘れない	間おお；ああ	
□	□	38	**black**	名黒（色）　形黒い	

う。	**Step3** 単語を隠して書こう。

Step2	Step3		単 語	意 味	**Step2** つづりを確認しな〜
☐	☐	39	**gray**	图灰色　形灰色の	
☐	☐	40	**brown** ⚠ a ではなく o	图茶色　形茶色の	
☐	☐	41	**red**	图赤 (色)　形赤い	
☐	☐	42	**blue**	图青 (色)　形青い	
☐	☐	43	**purple** ⚠ ur のつづりに注意	图紫色　形紫 (色) の	
☐	☐	44	**pink**	图ピンク　形ピンクの	
☐	☐	45	**yellow** ⚠ l は 2 つ	图黄色　形黄色の	
☐	☐	46	**green**	图緑 (色)　形緑 (色) の	

Step4 次の日本文にあった英文になるように，空所に適切な語を入れよう。ただし語頭が与

☐ (1) 私の父は混んでいる電車を避ける。

My father ＿＿＿＿＿＿ busy trains.

☐ (2) 失礼！

P＿＿＿＿＿ me!

☐ (3) この誕生日カードにサインをしてください。

Please ＿＿＿＿＿ this birthday card.

☐ (4) 私は世界中に友人がいる。

I have friends ＿＿＿＿＿ the world.

- -

解答 (1) avoids　(2) Pardon　(3) sign　(4) around

10

：う。	Step 3　単語を隠して書こう。

れている場合は，その文字で始めること。

☐　⑸　私の本を返してくれる？

Can you ＿＿＿＿＿＿ my book to me?

☐　⑹　どうぞお許しください。

Please e＿＿＿＿＿ me.

☐　⑺　2 ＋ 3 は 5 だ。

Two ＿＿＿＿ three is five.

☐　⑻　ブラジルはここからはとても遠い。

Brazil is very ＿＿＿＿ from here.

解答　⑸ return　⑹ excuse　⑺ plus　⑻ far

☐ **Step1** 🔊 音声を聞いて，単語の発音を確認しよう。

Step2	Step3		単 語	意 味	**Step2** つづりを確認しな
☐	☐	47	**know** ⚠発音しないkに注意	動 (を) 知っている	
☐	☐	48	**good**	形 よい；上手な；楽しい	
☐	☐	49	**well**	副 上手に 形 健康な 間 ええっと 名 井戸	
☐	☐	50	**near**	前 の近くに 形 近い 副 近くに	
☐	☐	51	**nearly**	副 ほとんど；もう少しで	
☐	☐	52	**here**	副 ここに〔で；へ〕	
☐	☐	53	**yes**	副 はい	
☐	☐	54	**there**	副 そこに〔で；へ〕	
☐	☐	55	**nice**	形 よい；親切な	
☐	☐	56	**say**	動 (を) 言う；(本などに) と書いてある	
☐	☐	57	**express** ⚠sは2つ	動 を表現する 形 急行の	
☐	☐	58	**claim**	動 を主張〔要求〕する 名 主張；要求	
☐	☐	59	**meet**	動 (に) 会う；を出迎える	
☐	☐	60	**hello** ⚠lは2つ	間 やあ；こんにちは；もしもし	
☐	☐	61	**hey**	間 へえ；おや；まあ	
☐	☐	62	**hi**	間 やあ；こんにちは	
☐	☐	63	**bye** ⚠eを忘れない	間 じゃあね	
☐	☐	64	**greeting**	名 あいさつ	

.う。	**Step 3** 単語を隠して書こう。

□ (1) あなたの時計はあそこにあります。

Your watch is over ＿＿＿＿＿＿.

□ (2) あなたはバスケットボールが上手ですね。

You play basketball ＿＿＿＿＿＿.

□ (3) 放課後私と会えますか。

Can you ＿＿＿＿＿ me after school?

□ (4) それを二度と言わないで。

Don't ＿＿＿＿＿ that again.

□ (5) ハヤトを知っていますか。

Do you ＿＿＿＿＿ Hayato?

□ (6) あなたの名前はジムですか。 ―― はい。

Is your name Jim? ―― ＿＿＿＿＿.

解答 (1) there (2) well (3) meet (4) say (5) know (6) Yes

(7) 公園は私の家の近くだ。

The park is ＿＿＿＿＿＿ my house.

(8) あなたの意見を述べてくれますか。

Can you ＿＿＿＿＿＿＿＿ your opinion?

(9) その映画はよかった。

That movie was ＿＿＿＿＿＿.

(10) メグは自分は正しいと主張している。

Meg ＿＿＿＿＿＿＿ that she is right.

(11) こちらへいらしてください。

Please come ＿＿＿＿＿＿.

(12) あなたのご両親はとても親切ですね。

Your parents are very ＿＿＿＿＿＿.

> スタートダッシュは
> ばっちり！

0   500   1000   1500   2000

解答 (7) near (8) express (9) good (10) claims (11) here (12) nice

15

☐ **Step 1** 🔊 音声を聞いて，単語の発音を確認しよう。

Step2	Step3		単 語	意 味	Step 2 つづりを確認しな：
☐	☐	65	**on**	前 の上に；〜（日〔曜日〕）に；に関して	
☐	☐	66	**but** ⚠ a ではなく u	接 しかし	
☐	☐	67	**have**	動 を持っている；を食べる	
☐	☐	68	**what**	代 何　形 何の〔どんな〕	
☐	☐	69	**where**	副 どこに〔へ；で〕	
☐	☐	70	**of**	前 の；の中の	
☐	☐	71	**or**	接 または；（命令文の後ろで）さもないと	
☐	☐	72	**with**	前 と一緒に；を持って；を使って	
☐	☐	73	**course** ⚠ ou のつづりに注意	名 進路；講座；課程	
☐	☐	74	**process** ⚠ s は 2 つ	名 過程；手順 動 を（加工）処理する	
☐	☐	75	**bring**	動 を持って〔連れて〕くる	
☐	☐	76	**attract** ⚠ 最初の t は 2 つ	動 （興味・人）を引きつける	
☐	☐	77	**charm**	名 魅力　動 を魅了する	
☐	☐	78	**breakfast** ⚠ ea のつづりに注意	名 朝食	
☐	☐	79	**lunch** ⚠ a ではなく u	名 昼食	
☐	☐	80	**lunchtime** ⚠ a ではなく u	名 ランチタイム	
☐	☐	81	**meal** ⚠ ea のつづりに注意	名 食事	
☐	☐	82	**dinner** ⚠ n は 2 つ	名 夕食；（1日の主要な）食事	
☐	☐	83	**diet**	名 食事；ダイエット 動 ダイエットをする	

。う。

Step 3 単語を隠して書こう。

Step2	Step3		単語	意味	**Step 2** つづりを確認しな…
☐	☐	84	**balance**	图バランス；平衡	
☐	☐	85	**restaurant** ⚠最後の t を忘れない	图レストラン	
☐	☐	86	**manner** ⚠n は 2 つ	图方法；態度；複行儀	
☐	☐	87	**menu**	图メニュー	
☐	☐	88	**cafe**	图カフェ；喫茶店	
☐	☐	89	**cafeteria**	图（学生食堂などの）カフェテリア	
☐	☐	90	**chef** ⚠ch のつづりに注意	图料理長；シェフ	
☐	☐	91	**mix**	動を混ぜる；混ざる	
☐	☐	92	**wrap** ⚠発音しない w に注意	動を包む	
☐	☐	93	**gas**	图気体；ガス	
☐	☐	94	**fire**	图火（事）	
☐	☐	95	**oven** ⚠b ではなく v	图オーブン	
☐	☐	96	**pan**	图（平）なべ	
☐	☐	97	**plate**	图皿；（1 皿分の）料理；板	
☐	☐	98	**bowl** ⚠u ではなく w	图ボウル；はち	
☐	☐	99	**pot**	图（深い）なべ；ポット	
☐	☐	100	**pottery** ⚠t は 2 つ	图陶器類	
☐	☐	101	**bottle** ⚠t は 2 つ	图びん	
☐	☐	102	**chopstick** ⚠a ではなく o	图箸	

Step 3 単語を隠して書こう。

			単語	意味	**Step 2** つづりを確認しな
☐	☐	103	**pasta**	图パスタ	
☐	☐	104	**spaghetti** ⚠h に注意。t は 2 つ	图スパゲッティ	
☐	☐	105	**omelette** ⚠tte のつづりに注意	图オムレツ	
☐	☐	106	**hamburger** ⚠n ではなく m	图ハンバーガー	
☐	☐	107	**burger** ⚠a ではなく u	图ハンバーガー	
☐	☐	108	**curry** ⚠r は 2 つ	图カレー	
☐	☐	109	**pie**	图パイ	
☐	☐	110	**pizza** ⚠z は 2 つ	图ピザ	
☐	☐	111	**steak**	图ステーキ	
☐	☐	112	**barbecue**	图バーベキュー	
☐	☐	113	**salad**	图サラダ	
☐	☐	114	**sandwich**	图サンドイッチ	
☐	☐	115	**soup**	图スープ	
☐	☐	116	**sour**	圈酸っぱい	
☐	☐	117	**spicy**	圈香辛料の効いた	
☐	☐	118	**hungry** ⚠a ではなく u	圈空腹の	
☐	☐	119	**greedy**	圈食いしんぼうな；欲ばりの	

Step 3 単語を隠して書こう。

Step 4 次の日本文にあった英文になるように，空所に適切な語を入れよう。

☐ ⑴ あなたと一緒に行ってもいいですか。

Can I go ＿＿＿＿＿＿ you?

☐ ⑵ あれは何ですか。

＿＿＿＿＿＿ is that?

☐ ⑶ あなたの町にはたくさんの魅力がありますね。

Your town has a lot of ＿＿＿＿＿＿.

☐ ⑷ 本をテーブルの上に置いてください。

Please put the book ＿＿＿＿＿＿ the table.

☐ ⑸ そこには電車かバスで行けますよ。

You can go there by train ＿＿＿＿＿＿ bus.

☐ ⑹ 私はピクニックにサンドイッチを持って行くつもりだ。

I'll ＿＿＿＿＿＿ sandwiches to the picnic.

☐ ⑺ 今日は曇っているが暖かい。

It's cloudy ＿＿＿＿＿＿ warm today.

解答 ⑴ with ⑵ What ⑶ charm ⑷ on ⑸ or
⑹ bring ⑺ but

□ (8) そのクラブに加入するには手続きが大変だ。

Joining the club is a difficult _____.

□ (9) あなたは昨夜どこにいましたか。

_____ were you last night?

□ (10) 私たちは顧客を引きつけたい。

We want to _____ customers.

□ (11) 私はテニスのラケットを 2 つ持っている。

I _____ two tennis rackets.

□ (12) スペイン語の講座を取りましたか。

Did you take a Spanish _____?

□ (13) 絵を描くことは私の趣味の 1 つだ。

Drawing is one _____ my hobbies.

解答 (8) process (9) Where (10) attract (11) have (12) course
(13) of

□ **Step 1** 🔊 音声を聞いて，単語の発音を確認しよう。

Step2	Step3		単語	意味	**Step 2** つづりを確認しな
□	□	120	weekend	名週末	
□	□	121	week	名週	
□	□	122	let	動(Let's の形で)…しよう	
□	□	123	allow ⚠ ow のつづりに注意	動を許す	
□	□	124	picnic	名ピクニック	
□	□	125	sound	動…のように聞こえる 名音	
□	□	126	tone	名口調；(声の)調子	
□	□	127	audio ⚠最初は o ではなく au	名形音 (の)；音響 (の)	
□	□	128	audience ⚠ o ではなく au	名観客；聴衆	
□	□	129	game	名ゲーム；試合	
□	□	130	match ⚠ tch のつづりに注意	名試合　動 (と) 合う〔調和する〕	
□	□	131	contest	名コンテスト；競争	
□	□	132	too	副…もまた；あまりに…すぎる	
□	□	133	play	動遊ぶ；(スポーツ) をする；を演奏する	
□	□	134	playground	名(学校の) 運動場；遊び場	
□	□	135	pray	動祈る	
□	□	136	same	形同じ　代同じもの〔こと〕	
□	□	137	similar	形似ている (to)	
□	□	138	team ⚠ ea に注意	名チーム	

こう。

Step 3 単語を隠して書こう。

Step2	Step3		単語	意味	**Step 2** つづりを確認しな
☐	☐	139	**teammate** ⚠ ea に注意	图チームメイト	
☐	☐	140	**Sunday** ⚠ Sa ではなく Su	图日曜日	
☐	☐	141	**Monday** ⚠ Ma ではなく Mo	图月曜日	
☐	☐	142	**Tuesday** ⚠ e を忘れない	图火曜日	
☐	☐	143	**Wednesday** ⚠発音しない d に注意	图水曜日	
☐	☐	144	**Thursday** ⚠ Thur のつづりに注意	图木曜日	
☐	☐	145	**Friday**	图金曜日	
☐	☐	146	**Saturday** ⚠ tar ではなく tur	图土曜日	
☐	☐	147	**holiday**	图休日	
☐	☐	148	**vacation**	图休暇	
☐	☐	149	**January**	图1月	
☐	☐	150	**February**	图2月	
☐	☐	151	**March**	图3月	
☐	☐	152	**April**	图4月	
☐	☐	153	**May** ⚠ ay のつづりに注意	图5月	
☐	☐	154	**June**	图6月	
☐	☐	155	**July**	图7月	
☐	☐	156	**August** ⚠ O ではなく Au	图8月	
☐	☐	157	**September** ⚠ n ではなく m	图9月	

Step 3 単語を隠して書こう。

			単 語		意 味	Step2	つづりを確認しな
☐	☐	158	October		图10月		
☐	☐	159	November ⚠ n ではなく m		图11月		
☐	☐	160	December ⚠ n ではなく m		图12月		
☐	☐	161	calendar ⚠ der ではなく dar		图カレンダー		
☐	☐	162	schedule		图予定 (表)		
☐	☐	163	date		图日付 ; デート		

Step4 次の日本文にあった英文になるように，空所に適切な語を入れよう。

☐ (1) これはリコと同じ答えだ。

This is the ＿＿＿＿＿ answer as Riko's.

☐ (2) それはおもしろそうですね。

That ＿＿＿＿＿ interesting.

☐ (3) 買い物に行きましょう。

＿＿＿＿＿ go shopping.

☐ (4) 私はオンラインゲームをするのが好きだ。

I like playing online ＿＿＿＿＿.

☐ (5) 今週は忙しいですか。

Are you busy this ＿＿＿＿＿?

解答 (1) same (2) sounds (3) Let's (4) games (5) week

(6) 私は剣道チームの一員だ。

I'm on the *kendo* _____.

(7) 私に外出させてください。

Please _____ me to go out.

(8) 私は野球をするのが得意だ。

I _____ baseball well.

(9) あなたのバッグは私のものと似ています。

Your bag is _____ to mine.

(10) あなたも寿司が好きですか。

Do you like *sushi*, _____?

解答 (6) team (7) allow (8) play (9) similar (10) too

Step 1 🔈 音声を聞いて，単語の発音を確認しよう。

Step2	Step3		単 語	意 味	**Step 2** つづりを確認しな〜
☐	☐	164	**homework**	图宿題	
☐	☐	165	**how**	副どのようにして；どれほど；どんな具合で	
☐	☐	166	**about** ⚠ ou のつづりに注意	前について 副およそ	
☐	☐	167	**house**	图家	
☐	☐	168	**after**	前のあとに 接…したあとで	
☐	☐	169	**school**	图学校	
☐	☐	170	**college** ⚠ l は 2 つ	图 (単科) 大学	
☐	☐	171	**club** ⚠ a ではなく u	图クラブ	
☐	☐	172	**study** ⚠ a ではなく u	图勉強；研究 動 (を)勉強する;(を)研究する	
☐	☐	173	**student**	图学生；生徒	
☐	☐	174	**pupil**	图生徒；弟子	
☐	☐	175	**father**	图父 (親)	
☐	☐	176	**parent**	图親；複両親	
☐	☐	177	**grandparent**	图祖父；祖母；複祖父母	
☐	☐	178	**grandfather**	图祖父	
☐	☐	179	**grandpa** ⚠ d を忘れない	图おじいちゃん	
☐	☐	180	**grandchild**	图孫	
☐	☐	181	**grandson** ⚠ san ではなく son	图孫息子	
☐	☐	182	**granddaughter** ⚠発音しない gh に注意	图孫娘	

う。

Step 3 単語を隠して書こう。

Step2	Step3		単語	意 味	**Step 2** つづりを確認しな
☐	☐	183	**ancestor** ⚠ se ではなく ce	图先祖	
☐	☐	184	**tonight**	副今晩 (は) 图今晩	
☐	☐	185	**night** ⚠発音しない gh に注意	图夜	
☐	☐	186	**midnight** ⚠発音しない gh に注意	图午前0時	
☐	☐	187	**famous** ⚠ ou のつづりに注意	形有名な	
☐	☐	188	**love** ⚠ b ではなく v	動を愛している 图愛	
☐	☐	189	**hate**	動を嫌う	
☐	☐	190	**hug** ⚠ a ではなく u	動を抱きしめる 图抱きしめること	
☐	☐	191	**dad**	图お父さん；パパ	
☐	☐	192	**daddy**	图パパ	
☐	☐	193	**remember** ⚠ men ではなく mem	動（を）覚えている； （を）思い出す	
☐	☐	194	**memorize** ⚠ se ではなく ze	動を記憶する	
☐	☐	195	**OK** ⚠大文字にする	形よろしい；大丈夫な； まあまあの 副うまく	
☐	☐	196	**furniture**	图家具	
☐	☐	197	**desk**	图机	
☐	☐	198	**chair**	图いす	
☐	☐	199	**sofa**	图ソファー	
☐	☐	200	**bed**	图ベッド	
☐	☐	201	**stove**	图ストーブ；《主に米》 レンジ	

Step2	Step3		単 語	意 味	Step2 つづりを確認しな
☐	☐	202	**lamp** ⚠ n ではなく m	图ランプ	
☐	☐	203	**curtain** ⚠ i を忘れない	图カーテン	
☐	☐	204	**blanket**	图毛布	
☐	☐	205	**towel** ⚠ a ではなく o	图タオル	
☐	☐	206	**shower** ⚠ a ではなく o	图シャワー	
☐	☐	207	**soap**	图せっけん	
☐	☐	208	**shampoo** ⚠ o は 2 つ	图シャンプー	
☐	☐	209	**brush** ⚠ a ではなく u	图ブラシ	
☐	☐	210	**bucket** ⚠ a ではなく u	图バケツ	
☐	☐	211	**clock**	图時計	
☐	☐	212	**o'clock** ⚠ ' は o と c の間に入る	副～時	
☐	☐	213	**alarm clock**	图目覚まし時計	
☐	☐	214	**alarm**	图恐れ；警報；目覚ま し時計 動を驚かせる	
☐	☐	215	**iron**	图アイロン；鉄	
☐	☐	216	**camera**	图カメラ	
☐	☐	217	**toy**	图おもちゃ	
☐	☐	218	**doll**	图人形	
☐	☐	219	**card**	图カード；トランプ	
☐	☐	220	**album** ⚠ ba ではなく bu	图アルバム	

Step 3 単語を隠して書こう。

Step 4　次の日本文にあった英文になるように，空所に適切な語を入れよう。ただし語頭が与

☐ (1) この歌は学生に人気がある。

This song is popular with the _____.

☐ (2) 彼女は有名な作家ですか。

Is she a _____ writer?

☐ (3) 私の祖父はテニスができる。

My _____ can play tennis.

☐ (4) これらの単語を記憶できますか。

Can you m _____ these words?

☐ (5) あなたは日本についてたくさん知っていますね。

You know a lot _____ Japan.

☐ (6) 今晩は夕食にパスタが食べたい。

I want pasta for dinner _____.

☐ (7) 私たちの旅行を覚えていますか。

Do you _____ our trip?

☐ (8) ここの学校に通っているの？

Do you go to _____ here?

解答　(1) students　(2) famous　(3) grandfather〔grandpa〕
(4) memorize　(5) about　(6) tonight　(7) remember
(8) school

れている場合は，その文字で始めること。

☐ (9) 今日，父は早く家に帰って来た。

My ＿＿＿＿＿＿＿ came home early today.

☐ (10) 今晩は何か宿題がありますか。

Do you have any ＿＿＿＿＿＿＿ tonight?

☐ (11) この方々があなたのご両親ですか。

Are these your ＿＿＿＿＿＿＿?

☐ (12) この家には寝室が4つある。

This ＿＿＿＿＿＿＿ has four bedrooms.

☐ (13) それはどのくらい大きいのですか。

＿＿＿＿＿＿＿ big is it?

☐ (14) 私たちのクラブに参加して！

Join our ＿＿＿＿＿＿＿!

☐ (15) 私たちは放課後図書館に行けますか。

Can we go to the library ＿＿＿＿＿＿＿ school?

☐ (16) 私は1日2時間勉強する。

I ＿＿＿＿＿＿＿ two hours a day.

解答 (9) father (10) homework (11) parents (12) house
(13) How (14) club (15) after (16) study

Step 1 🔊 音声を聞いて，単語の発音を確認しよう。

Step2	Step3		単語	意味	**Step 2** つづりを確認しな
☐	☐	221	**movie** ⚠ 最後の e を忘れない	图映画	
☐	☐	222	**bit**	图 (a～) 少し；(映画などの) 一場面	
☐	☐	223	**long**	形長い 副長い間	
☐	☐	224	**short**	形短い；背が低い	
☐	☐	225	**really** ⚠ l は 2 つ	副本当に；実際は	
☐	☐	226	**indeed**	副本当に；実際は；実に	
☐	☐	227	**in**	前の中に〔で〕；(時間が) ～たって 副中で	
☐	☐	228	**middle** ⚠ d は 2 つ	图真ん中	
☐	☐	229	**center** ⚠ s ではなく c	图中心	
☐	☐	230	**capital**	图首都；資本(金)；大文字 形大文字の；主要な	
☐	☐	231	**local**	形地元の；地方の	
☐	☐	232	**like**	動 (を) 好む 前のような〔に〕	
☐	☐	233	**ending**	图最終部分；結末	
☐	☐	234	**end**	图終わり；目的 動を終える；終わる	
☐	☐	235	**favorite**	形お気に入りの 图大好きなもの	
☐	☐	236	**from**	前から	
☐	☐	237	**store**	图店 動を蓄える	
☐	☐	238	**sell**	動を売る；売れる	
☐	☐	239	**tomorrow** ⚠ r は 2 つ	副明日 (は) 图明日	

こう。

Step3 単語を隠して書こう。

			単語	意味	**Step 2** つづりを確認しな
Step2	Step3				
☐	☐	240	future	图未来	
☐	☐	241	yesterday	圖昨日 (は)　图昨日	
☐	☐	242	past	形過去の　图過去 前を過ぎて	
☐	☐	243	no	形 (名詞の前に用いて) 少しの…もない	

Step 4 次の日本文にあった英文になるように，空所に適切な語を入れよう。

☐ ⑴ あなたの問題はすべて過去のことだ。

Your problems are all in the _____.

☐ ⑵ 短い休憩をとりましょう。

Let's take a _____ break.

☐ ⑶ 姉〔妹〕はその映画にウェイトレス役で出る。

My sister plays a waitress in the _____.

☐ ⑷ 私は古いゲームを売った。

I _____ my old games.

☐ ⑸ 私はこの歌手が好きだ。

I _____ this singer.

☐ ⑹ 今日は本当に暑かった。

It was _____ hot today.

解答　⑴ past　⑵ short　⑶ movie　⑷ sold　⑸ like　⑹ really

☐ (7) 誰にも未来はわからない。

No one can know the ＿＿＿＿＿＿＿＿ .

☐ (8) この道はどのくらいの長さですか。

How ＿＿＿＿＿＿ is this track?

☐ (9) 私はこれを母からもらった。

I got this ＿＿＿＿＿＿ my mother.

☐ (10) 昨日は何をしましたか。

What did you do ＿＿＿＿＿＿＿＿ ?

☐ (11) その店は10時に開店する。

The ＿＿＿＿＿＿ opens at ten.

☐ (12) 明日動物園へ行くのはどうですか。

How about going to the zoo ＿＿＿＿＿＿＿＿ ?

解答 (7) future (8) long (9) from (10) yesterday (11) store
(12) tomorrow

□ **Step1** 🔊 音声を聞いて，単語の発音を確認しよう。

Step2	Step3		単語	意味	**Step2** つづりを確認しな
□	□	244	**understand**	動（を）理解する	
□	□	245	**follow** ⚠ l は 2 つ	動のあとに続く；（命令など）にしたがう	
□	□	246	**thank**	動に感謝する 名(複)感謝	
□	□	247	**later** ⚠ ei ではなく a	副あとで 形もっと遅い	
□	□	248	**recent** ⚠ s ではなく c	形最近の	
□	□	249	**already**	副すでに；もう	
□	□	250	**way** ⚠ e ではなく a	名道；方法；方向	
□	□	251	**railway**	名鉄道	
□	□	252	**subway**	名《米》地下鉄	
□	□	253	**English**	形英語の；イギリス（人）の 名英語	
□	□	254	**mathematics** ⚠ e を忘れない	名数学	
□	□	255	**math** ⚠ th のつづりに注意	名数学	
□	□	256	**calculate**	動を計算する；と見積もる	
□	□	257	**Japanese**	形日本の；日本人〔語〕の 名日本人〔語〕	
□	□	258	**science** ⚠ sc のつづりに注意	名科学；理科	
□	□	259	**social studies**	名社会科	
□	□	260	**P.E.**	名体育	
□	□	261	**calligraphy** ⚠ f ではなく ph	名書道	
□	□	262	**moral education**	名道徳教育	

う。

Step 3 単語を隠して書こう。

			単 語	意 味	Step 2 つづりを確認しな
Step2	Step3				
☐	☐	263	**textbook**	图教科書	
☐	☐	264	**notebook**	图ノート	
☐	☐	265	**dictionary**	图辞書	
☐	☐	266	**vocabulary**	图語彙	
☐	☐	267	**spell**	動 (語)をつづる	
☐	☐	268	**lecture**	图講義;講演 動 (に)講義〔講演〕する	
☐	☐	269	**class**	图クラス;授業	
☐	☐	270	**classmate**	图同級生	
☐	☐	271	**classroom**	图教室	
☐	☐	272	**blackboard**	图黒板	
☐	☐	273	**presentation**	图発表;提示;贈呈	

Step3 単語を隠して書こう。

次の日本文にあった英文になるように，空所に適切な語を入れよう。

☐ (1) 鉄道がこの近くを通っている。

The ＿＿＿＿＿＿＿ runs near here.

☐ (2) 私についてきて！　道を教えてあげましょう。

＿＿＿＿＿＿＿ me! I'll show you the way.

☐ (3) これは最近の写真ですか。

Is this a ＿＿＿＿＿＿＿ photo?

☐ (4) あとで電話します。

I'll call you ＿＿＿＿＿＿＿.

☐ (5) もう先生にお礼を言いましたか。

Did you ＿＿＿＿＿＿＿ the teacher yet?

解答　(1) railway　(2) Follow　(3) recent　(4) later　(5) thank

⑹ 地下鉄に乗りましょう。

Let's take the _____.

⑺ あなたの家への道を教えてください。

Please tell me the _____ to your house.

⑻ 私はこの文が理解できない。

I can't _____ this sentence.

⑼ 私たちはすでにそのショーに遅刻している。

We are _____ late for the show.

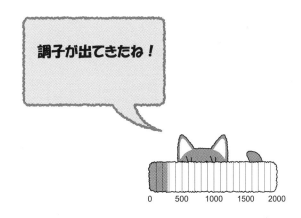

調子が出てきたね！

0   500   1000   1500   2000

解答　⑹ subway　⑺ way　⑻ understand　⑼ already

Step1 🔊 音声を聞いて，単語の発音を確認しよう。

Step2	Step3		単語	意味	**Step2** つづりを確認しな…
☐	☐	274	cat	图ネコ	
☐	☐	275	dog	图イヌ	
☐	☐	276	kitten ⚠tは2つ	图子猫	
☐	☐	277	puppy	图子犬	
☐	☐	278	live ⚠bではなくv	動住む；生きる 形生きている	
☐	☐	279	alive	形生きている	
☐	☐	280	survive ⚠urに注意	動生き残る；(災害など)から生きのびる	
☐	☐	281	call	動(を)呼ぶ；(に)電話をかける	
☐	☐	282	try	動(を)試す；…しようと(努力)する 图試み	
☐	☐	283	attempt ⚠tは2つ	動を試みる；(to do)…しようとする 图試み	
☐	☐	284	catch	動をつかまえる 图とること；捕球	
☐	☐	285	receive ⚠sではなくc	動を受け取る	
☐	☐	286	notice ⚠sではなくc	動に気づく 图通知；掲示	
☐	☐	287	day	图(1)日；昼間；(複)時代	
☐	☐	288	finally ⚠lは2つ	副ついに	
☐	☐	289	little ⚠tは2つ	形小さい；少しの；ほとんどない 副少し	
☐	☐	290	less ⚠sは2つ	形より少ない 副より少なく	
☐	☐	291	least ⚠eaのつづりに注意	形最も少ない 副最も…(で)なく	
☐	☐	292	atom	图原子；少量	

う。

Step3 単語を隠して書こう。

			単語	意味	Step 2 つづりを確認しな

Step2 Step3

		293	**mouse** ⚠ mouth との区別に注意	图ハツカネズミ	
☐ ☐		294	**to**	前へ；まで	
☐ ☐		295	**ready** ⚠ ea のつづりに注意	形準備〔用意〕ができた	
☐ ☐		296	**now**	副今；さて	
☐ ☐		297	**eat**	動 (を) 食べる	
☐ ☐		298	**chimpanzee** ⚠ e は 2 つ	图チンパンジー	
☐ ☐		299	**gorilla** ⚠ l は 2 つ	图ゴリラ	
☐ ☐		300	**elephant** ⚠ f ではなく ph	图ゾウ	
☐ ☐		301	**fox**	图キツネ	
☐ ☐		302	**horse**	图ウマ	
☐ ☐		303	**bull**	图雄牛	
☐ ☐		304	**cow**	图雌牛；乳牛	
☐ ☐		305	**cattle**	图 (集合的に) ウシ	
☐ ☐		306	**lion**	图ライオン	
☐ ☐		307	**panda**	图パンダ	
☐ ☐		308	**pig**	图ブタ	
☐ ☐		309	**rabbit** ⚠ b は 2 つ	图ウサギ	
☐ ☐		310	**rat**	图ネズミ	
☐ ☐		311	**sheep**	图ヒツジ	

Step 3 単語を隠して書こう。

Step2	Step3		単 語	意 味	Step 2
☐	☐	312	tiger	图トラ	
☐	☐	313	turtle	图ウミガメ；カメ	
☐	☐	314	wolf	图オオカミ	
☐	☐	315	zebra	图シマウマ	
☐	☐	316	camel	图ラクダ	
☐	☐	317	dolphin ⚠ f ではなく ph	图イルカ	
☐	☐	318	seal ⚠ ea に注意	图アザラシ；印 動に封をする	
☐	☐	319	tuna	图マグロ	
☐	☐	320	salmon ⚠ l を忘れない	图サケ	
☐	☐	321	shell	图 (貝) 殻	
☐	☐	322	penguin ⚠ u を忘れない	图ペンギン	
☐	☐	323	duck ⚠ a ではなく u	图アヒル；カモ	
☐	☐	324	turkey	图七面鳥	
☐	☐	325	crane	图ツル；クレーン	
☐	☐	326	crow	图カラス	
☐	☐	327	owl ⚠ u ではなく w	图フクロウ	
☐	☐	328	bat	图コウモリ；バット 動バットで打つ	
☐	☐	329	nest	图巣	
☐	☐	330	feather	图羽；羽毛	

う。

Step2	Step3		単語	意味	Step2 つづりを確認しな
☐	☐	331	snake	图ヘビ	
☐	☐	332	frog	图カエル	
☐	☐	333	bug ⚠ a ではなく u	图(一般に)虫；(プログラムの)欠陥	
☐	☐	334	ant	图アリ	
☐	☐	335	bee	图ミツバチ；(総称)ハチ	
☐	☐	336	beetle	图カブトムシ	
☐	☐	337	butterfly ⚠ a ではなく u。t は 2 つ	图チョウ	
☐	☐	338	spider	图クモ	
☐	☐	339	dinosaur ⚠ aur のつづりに注意	图恐竜	
☐	☐	340	dragon	图竜	
☐	☐	341	zoo	图動物園	
☐	☐	342	pet	图ペット	
☐	☐	343	cage	图鳥かご；おり	
☐	☐	344	wild	形野生の	
☐	☐	345	bite	動图かむ (こと)	
☐	☐	346	species	图 (動植物の)種	

☐ (1) 私はついに宿題を終えた。

I ＿＿＿＿＿＿＿＿ finished my homework.

☐ (2) 私は私のイヌを庭から呼んだ。

I ＿＿＿＿＿＿ my dog from the garden.

☐ (3) 行く用意はできた？

Are you ＿＿＿＿＿ to go?

☐ (4) 私たちには 2 分もない。

We have ＿＿＿＿＿ than two minutes.

☐ (5) 私たちは試合に勝とうとした。

We a＿＿＿＿＿＿ to win the game.

☐ (6) 原子爆弾で多くの人が亡くなった。

The ＿＿＿＿＿ bomb killed many people.

☐ (7) そのメールを受け取りましたか。

Did you ＿＿＿＿＿＿＿ the e-mail?

☐ (8) 今そこに行きましょう。

Let's go there ＿＿＿＿＿.

☐ (9) ごめんなさい，あなたの電話に気づきませんでした。

Sorry, I didn't ＿＿＿＿＿ your call.

解答　(1) finally　(2) called　(3) ready　(4) less　(5) attempted
(6) atom　(7) receive　(8) now　(9) notice

れている場合は，その文字で始めること。

☐ (10) 私たちはアパートに住んでいる。

We ＿＿＿＿＿＿ in an apartment.

☐ (11) 24 時間で 1 日になる。

Twenty-four hours make one ＿＿＿＿＿＿.

☐ (12) その建物は火事を切り抜けて残った。

The building ＿＿＿＿＿＿ the fire.

☐ (13) イヌを散歩に連れて行きましょうか。

Shall we take the ＿＿＿＿＿＿ for a walk?

☐ (14) あちらは私の弟です。

That is my ＿＿＿＿＿＿ brother.

☐ (15) 本屋さんへ行きましょう。

Let's go ＿＿＿＿＿＿ the book shop.

☐ (16) どうぞこのクッキーを食べてみてください。

Please ＿＿＿＿＿＿ these cookies.

☐ (17) 彼女は贈り物に最少金額しか使わなかった。

She spent the ＿＿＿＿＿＿ money on presents.

☐ (18) 私は 7 時に朝食をとる。

I ＿＿＿＿＿＿ breakfast at 7:00.

解答 (10) live (11) day (12) survived (13) dog (14) little
(15) to (16) try (17) least (18) eat

☐ **Step1** 🔊 音声を聞いて，単語の発音を確認しよう。

Step2	Step3		単 語	意 味	**Step2** つづりを確認しな~
☐	☐	347	**answer**	動（に〔と〕）答える 名答え	
☐	☐	348	**response**	名反応；答え	
☐	☐	349	**reply**	動返事をする；（と）答える　名返事	
☐	☐	350	**ahead**	副（位置的に）前方に〔へ〕；（時間的に）前に	
☐	☐	351	**before**	接…する前に　前の前に　副以前に	
☐	☐	352	**please** ⚠ ea のつづりに注意	動を喜ばせる　間どうぞ；どうか	
☐	☐	353	**give**	動（に）〜を与える；（パーティーなど）を催す	
☐	☐	354	**borrow** ⚠ r は2つ	動を借りる	
☐	☐	355	**lend**	動を貸す	
☐	☐	356	**rent**	動を賃貸〔借〕する 名賃貸〔借〕料	
☐	☐	357	**time**	名時（間）；〜回；複〜倍	
☐	☐	358	**timetable**	名時刻表；時間割	
☐	☐	359	**goodbye** ⚠ 最後の e を忘れない	間さようなら 名別れのあいさつ	
☐	☐	360	**family**	名家族；家庭	
☐	☐	361	**familiar**	形（人に）なじみのある (to)	
☐	☐	362	**background**	名経歴；背景	
☐	☐	363	**agree**	動同意する；意見が一致する	
☐	☐	364	**disagree**	動意見が合わない	
☐	☐	365	**complain** ⚠ n ではなく m	動不平を言う (about, of)	

こう。

Step 3 単語を隠して書こう。

Step2	Step3		単語	意味	**Step 2** つづりを確認しな
☐	☐	366	nod	動うなずく 名うなずき；同意	_____
☐	☐	367	argue	動(を)議論する；(と)主張する	_____
☐	☐	368	discuss ⚠sは2つ	動について話し合う〔討議する〕	_____
☐	☐	369	debate	名議論；論争 動(を)討論〔議論〕する	_____
☐	☐	370	very	副とても	_____
☐	☐	371	kind	形親切な 名種類	_____
☐	☐	372	gentle	形(人が)優しい；(動作・声が)穏やかな	_____
☐	☐	373	polite	形礼儀正しい；丁重な	_____
☐	☐	374	type	名型；種類	_____
☐	☐	375	form	名形(式) 動を形作る	_____
☐	☐	376	uniform	名制服；ユニフォーム	_____
☐	☐	377	shout ⚠aではなくo	動(を)叫ぶ 名叫び(声)	_____
☐	☐	378	bark	動(イヌが)ほえる 名ほえる声	_____
☐	☐	379	come	動来る；(聞き手の方へ)行く	_____
☐	☐	380	everyone	代誰でも(みな)	_____
☐	☐	381	appear ⚠pは2つ	動現れる；…に見える	_____
☐	☐	382	disappear ⚠pは2つ	動消える	_____
☐	☐	383	melt	動溶ける；を溶かす	_____

☐ (1) 私は議論したくない。

I don't want to a _____ .

☐ (2) 何時ですか。

What _____ is it?

☐ (3) 金曜日までに返事をしてください。

Please r _____ by Friday.

☐ (4) それは顔の形をしている。

It is in the _____ of a face.

☐ (5) ペンを借りてもいいですか。

Can I _____ a pen?

☐ (6) パーティーがあるので私の家に来てね。

_____ to my house for a party.

☐ (7) 私に賛成しますか。

Do you _____ with me?

☐ (8) あなたのおばさんはとても親切ですね。

Your aunt is so _____ .

☐ (9) 用紙に答えを書きなさい。

Write your _____ on the paper.

- -

解答　(1) argue　(2) time　(3) reply　(4) form　(5) borrow
(6) Come　(7) agree　(8) kind　(9) answer

れている場合は，その文字で始めること。

□ (10) 飲み物をいただけますか。

Can I have a drink, _____ ?

□ (11) 突然空にフクロウが現れた。

Suddenly an owl _____ in the sky.

□ (12) 彼にはどんな種類の問題があったのですか。

What t_____ of problem did he have?

□ (13) 私は起き上がる前に友だちにメールを送った。

_____ I got up, I e-mailed my friend.

□ (14) 誰もが音楽が好きだ。

_____ likes music.

□ (15) 私の家族全員がお正月に集まる。

My _____ all meet at New Year's.

□ (16) お金をいくらか私にください。

Please _____ me some money.

□ (17) 教室で叫んではいけません。

Don't _____ in the classroom.

□ (18) 私たちは彼にとても怒っている。

We are _____ angry with him.

解答 (10) please (11) appeared (12) type (13) Before
(14) Everyone (15) family (16) give (17) shout (18) very

□ Step1 🔊 音声を聞いて，単語の発音を確認しよう。

Step2	Step3		単語	意味	**Step2** つづりを確認しな
□	□	384	**begin**	動を始める；始まる	
□	□	385	**start**	動(を)始める；始まる；(を)出発する	
□	□	386	**each**	形それぞれの 代それぞれ	
□	□	387	**member** ⚠2つ目のmに注意	名(組織・集団の中の)一員	
□	□	388	**join**	動(に)加わる；(に)参加する	
□	□	389	**think**	動(と)思う；(を)考える	
□	□	390	**consider**	動をよく考える	
□	□	391	**guess** ⚠ueに注意。sは2つ	動(を)推測する；…だと思う	
□	□	392	**predict**	動を予言〔予測〕する	
□	□	393	**take**	動を連れていく；を取る；(乗り物)に乗る	
□	□	394	**many**	形たくさんの 代たくさんの人々〔もの〕	
□	□	395	**hundred** ⚠aではなくu	名(数字の)100 形100の	
□	□	396	**hear**	動が聞こえる；を聞く	
□	□	397	**up** ⚠aではなくu	副上へ〔に〕 前の上の方へ〔に〕	
□	□	398	**away**	副離れて；不在で	

う。

Step 3 単語を隠して書こう。

☐ (1) あなたは正しいと思います。

I t＿＿＿＿＿ you are right.

☐ (2) あなたは試験に合格すると思います。

I g＿＿＿＿＿ you'll pass the exam.

☐ (3) テストで 100 点を取ったよ！

I scored a ＿＿＿＿＿＿＿＿＿ on the test!

☐ (4) あの物音が聞こえますか。

Do you ＿＿＿＿＿＿＿ that noise?

☐ (5) 1 年は 1 月 1 日に始まる。

The year b＿＿＿＿＿ on January 1st.

☐ (6) 私はバドミントン部の一員だ。

I'm a ＿＿＿＿＿＿＿＿＿ of the badminton club.

☐ (7) 私は明日は雨が降るだろうと予測している。

I p＿＿＿＿＿＿＿＿ it will rain tomorrow.

解答 (1) think (2) guess (3) hundred (4) hear
(5) begins (6) member (7) predict

れている場合は，その文字で始めること。

☐ (8) 手を上げろ！

Put _____ your hands!

☐ (9) このクラスのどの生徒も重要です。

_____ student in this class is important.

☐ (10) 本をたくさん持っていますか。

Do you have _____ books?

☐ (11) 歌のクラブに入っていましたか。

Did you _____ the singing club?

☐ (12) 今始めていいですよ。

You can s _____ now.

☐ (13) 私は慎重にその問題を考えた。

I c _____ the problem carefully.

☐ (14) なぜあの少年は走り去っているのですか。

Why is that boy running _____ ?

解答　(8) up　(9) Each　(10) many　(11) join　(12) start
(13) considered　(14) away

Step2	Step3		単語	意味	**Step 2** つづりを確認しな
☐	☐	399	**old**	形古い；年を取った；〜歳の	
☐	☐	400	**new**	形新しい	
☐	☐	401	**news**	名ニュース；知らせ	
☐	☐	402	**newspaper**	名新聞	
☐	☐	403	**elderly**	形年配の	
☐	☐	404	**senior**	形高齢者の	
☐	☐	405	**junior**	形年少者の	
☐	☐	406	**man**	名男性；(一般的に) 人間	
☐	☐	407	**guy** ⚠ a ではなく u	名男；やつ	
☐	☐	408	**male**	形名男性 (の)；雄 (の)	
☐	☐	409	**sir**	名 (男性に対する呼びかけに用いて) あなた	
☐	☐	410	**wife**	名妻	
☐	☐	411	**countryside**	名 (通例the) いなか；田園地帯	
☐	☐	412	**other** ⚠ th のつづりに注意	形他の；もう一方の 代他の人 〔もの〕	
☐	☐	413	**much** ⚠ a ではなく u	形たくさんの　代たくさん　副とても；ずっと	
☐	☐	414	**into**	前 の中へ 〔に〕	
☐	☐	415	**forest**	名森林	
☐	☐	416	**get**	動を得る；になる；着く	
☐	☐	417	**some** ⚠ a ではなく o	形いくつかの；ある 代いくらか (の人々)	

こう。

Step3　単語を隠して書こう。

			単 語	意 味	**Step 2** つづりを確認しな>
☐	☐	418	flower	图花	___
☐	☐	419	flour ⚠ ou のつづりに注意	图小麦粉	___
☐	☐	420	bloom	图 (主に観賞用)花;花盛り 動 (花が) 咲く	___
☐	☐	421	walk ⚠ o ではなく a	動 (を) 歩く 图散歩;歩くこと	___
☐	☐	422	across	前を横切って;の向こう側に	___
☐	☐	423	cross	動 を横切る 图十字(架)	___
☐	☐	424	along	前に沿って 副先へ	___
☐	☐	425	among ⚠ ma ではなく mo	前の間に〔で〕	___
☐	☐	426	behind	前の後ろに 副後ろに	___
☐	☐	427	below	前の下に	___
☐	☐	428	under ⚠ a ではなく u	前の下に;〜未満の	___
☐	☐	429	beside	前のそばに	___
☐	☐	430	besides ⚠最後の s を忘れない	前に加え 副さらに	___
☐	☐	431	between	前の間に〔で〕	___
☐	☐	432	beyond	前を越えて;の及ばない	___
☐	☐	433	upon ⚠ a ではなく u	前の上に	___
☐	☐	434	onto	前の上へ	___
☐	☐	435	toward	前の方へ;に向かって	___
☐	☐	436	within	前〜以内に	___

こう。

Step2 Step3		単語	意味	Step 2 つづりを確認しな
☐ ☐	437	**except**	前を除いて (は)	
☐ ☐	438	**instead** ⚠ ea のつづりに注意	副その代わりに	
☐ ☐	439	**according to** ⚠ c は 2 つ	(前置詞的に) によれば	
☐ ☐	440	**due to** ⚠ e を忘れない	(前置詞的に) のため に；が原因で	

Step 4 次の日本文にあった英文になるように，空所に適切な語を入れよう。ただし語頭が与

☐ (1) ここまで歩いたのですか。

Did you ＿＿＿＿＿＿＿ here?

☐ (2) 彼はそのチームでは年少の方のメンバーだ。

He is a ＿＿＿＿＿＿＿＿ member of the team.

☐ (3) この本はとても古い。

This book is very ＿＿＿＿＿＿ .

☐ (4) 男の人が外で待っている。

A m＿＿＿＿＿ is waiting outside.

☐ (5) あなたの他の考えはどんなものですか。

What is your ＿＿＿＿＿＿ idea?

☐ (6) 私はテレビでニュースを見た。

I watched the ＿＿＿＿＿＿ on TV.

- -

解答 (1) walk (2) junior (3) old (4) man (5) other (6) news

れている場合は，その文字で始めること。

☐ (7) これらの花はきれいだ。

These f _____ are pretty.

☐ (8) あれは新しい自転車ですか。

Is that a _____ bike?

☐ (9) そのネズミは穴の中へと走った。

The mouse ran _____ the hole.

☐ (10) 今日はいくつか数学の宿題が出ている。

I have _____ math homework today.

☐ (11) ホットドックをもらえますか。

Can I _____ a hotdog?

☐ (12) 今日はあまり宿題がない。

We don't have _____ homework today.

解答 (7) flowers (8) new (9) into (10) some (11) get (12) much

☐ **Step1** 🔊 音声を聞いて，単語の発音を確認しよう。

Step2	Step3		単語	意味	**Step2** つづりを確認しなが
☐	☐	441	hot	形暑い；熱い	
☐	☐	442	become	動になる	
☐	☐	443	thirsty	形のどがかわいた	
☐	☐	444	suddenly ⚠ a ではなく u	副突然	
☐	☐	445	gradually ⚠ l は 2 つ	副徐々に	
☐	☐	446	graduate	動卒業する	
☐	☐	447	find	動を見つける；…だと わかる	
☐	☐	448	discover	動を発見する	
☐	☐	449	spy	名スパイ	
☐	☐	450	fountain ⚠ fa ではなく fo	名噴水；泉	
☐	☐	451	drink	動 (を) 飲む　名飲み 物	
☐	☐	452	swallow ⚠ l は 2 つ	動 (を) 飲み込む　名 ツバメ；飲み込むこと	
☐	☐	453	water ⚠ o ではなく a	名水	
☐	☐	454	flow	動流れる　名流れ	
☐	☐	455	flood	名洪水　動を水浸しに する	
☐	☐	456	so	接だから　副とても； そんなに (も)	
☐	☐	457	therefore	副したがって	
☐	☐	458	cold	形冷たい；寒い 名風邪；寒さ	
☐	☐	459	delicious	形おいしい	

こう。

Step 3 単語を隠して書こう。

Step2	Step3		単語	意味	Step 2 つづりを確認しな
☐	☐	460	**taste**	動…な味がする 名味；好み	
☐	☐	461	**flavor**	名風味；趣　動に風味 をつける	
☐	☐	462	**feel**	動 (を) 感じる；…の 感じがする	
☐	☐	463	**back**	副後ろに〔へ〕；戻って； (…し) 返して　名背中	
☐	☐	464	**home**	名家 (庭)；故郷　形自 宅の　副家へ〔に〕	
☐	☐	465	**easily**	副容易に	
☐	☐	466	**simply** ⚠ n ではなく m	副ただ単に；簡単に； 非常に	
☐	☐	467	**complicate** ⚠ n ではなく m	動を複雑にする	

Step 4 次の日本文にあった英文になるように，空所に適切な語を入れよう。

☐ (1) あれがあなたの家？

Is that your _____?

☐ (2) 私は医者になりたい。

I want to _____ a doctor.

☐ (3) あなたは毎朝牛乳を飲みますか。

Do you _____ milk every morning?

☐ (4) 私は寒い。

I _____ cold.

解答　(1) home　(2) become　(3) drink　(4) feel

（省略）

う。

---

(5) 水をもらえますか。

Can I have some _____ ?

(6) 私は図書館に本を返しに行った。

I took the books _____ to the library.

(7) 鍵は見つかった？

Did you _____ your keys?

(8) 今日は泳ぐには寒すぎる。

Today is too _____ for swimming.

解答 (5) water (6) back (7) find (8) cold

Step2 Step3		単語	意味	**Step 2** つづりを確認しな～
☐ ☐	468	woman	图女性	
☐ ☐	469	female	形图女性 (の)；雌 (の)	
☐ ☐	470	see	動(が)見える；を見る；に会う；(が) わかる	
☐ ☐	471	sew	動をぬう	
☐ ☐	472	recognize	動を認識する；を認める	
☐ ☐	473	sightseeing ⚠発音しない gh に注意	图観光	
☐ ☐	474	ask	動 (に) 〜をたずねる；(を) 求める	
☐ ☐	475	who	代誰が〔を;に〕；(関係代名詞として)…する(人)	
☐ ☐	476	whose	代誰の(もの)；(関係代名詞として)その〜が…する	
☐ ☐	477	young	形若い	
☐ ☐	478	talk	動話す 图話	
☐ ☐	479	speak	動 (を) 話す	
☐ ☐	480	pronounce ⚠ se ではなく ce	動を発音する；を宣言〔宣告〕する	
☐ ☐	481	husband ⚠ a ではなく u	图夫	
☐ ☐	482	partner	图配偶者；パートナー	
☐ ☐	483	joke	图冗談；ジョーク	
☐ ☐	484	minute ⚠ ni ではなく nu	图分；(通例 a minute で) 瞬間	
☐ ☐	485	wear	動を着ている	
☐ ☐	486	clothes ⚠ close と間違えない	图衣服	

う。

Step 3 単語を隠して書こう。

Step2	Step3		単語	意味	Step 2 つづりを確認しな
☐	☐	487	**mobile**	形 可動性の	
☐	☐	488	**phone** ⚠ f ではなく ph	名 (通例 the) 電話 (機)	
☐	☐	489	**telephone** ⚠ f ではなく ph	名 (通例 the) 電話 (機)	
☐	☐	490	**radio**	名 ラジオ	
☐	☐	491	**postcard**	名 はがき	
☐	☐	492	**stamp** ⚠ n ではなく m	名 切手	
☐	☐	493	**message**	名 伝言	
☐	☐	494	**address** ⚠ d, s はそれぞれ 2 つ	名 住所；演説	
☐	☐	495	**communicate** ⚠ m は 2 つ	動 を伝える；意思を伝え合う	
☐	☐	496	**comment** ⚠ m は 2 つ	動 論評する (on) 名 論評	
☐	☐	497	**conversation**	名 会話	
☐	☐	498	**idea**	名 考え；アイディア	
☐	☐	499	**opinion**	名 意見	
☐	☐	500	**subject**	名 話題；科目；(文の)主語	
☐	☐	501	**theme**	名 主題；テーマ	
☐	☐	502	**topic**	名 話題；トピック	

☐ (1) 私は今朝レインコートを着ていた。

I ＿＿＿＿＿ a raincoat this morning.

☐ (2) その冗談はおもしろかった。

That ＿＿＿＿＿ was funny.

☐ (3) あの女性は私たちの新しい先生です。

That ＿＿＿＿＿ is our new teacher.

☐ (4) あの少年は誰ですか。

＿＿＿＿＿ is that boy?

☐ (5) シャツにボタンをぬい付けよう。

I'll ＿＿＿＿＿ the button onto my shirt.

☐ (6) 授業のあとで話すことができます。

We can ＿＿＿＿＿ after class.

☐ (7) あれが林さんのご主人ですか。

Is that Ms. Hayashi's ＿＿＿＿＿ ?

☐ (8) 私は自分のお金で新しい衣服を買うつもりだ。

I'll buy new ＿＿＿＿＿ with my money.

☐ (9) あなたはジムに会えますか。

Can you ＿＿＿＿＿ Jim?

解答 (1) wore (2) joke (3) woman (4) Who (5) sew
(6) talk (7) husband (8) clothes (9) see

☐ ⑽ これは女性の更衣室だ。

This is the ＿＿＿＿＿＿＿＿＿ locker room.

☐ ⑾ あなたのおじさんはとても若いですね。

Your uncle is very ＿＿＿＿＿＿＿.

☐ ⑿ （電話で）こちらはアヤコです。

This is Ayako ＿＿＿＿＿＿＿.

☐ ⒀ 昼休みは 50 分だ。

Lunch break is fifty ＿＿＿＿＿＿＿ long.

☐ ⒁ 私たちは観光旅行をすることができます。

We can take a ＿＿＿＿＿＿＿ trip.

☐ ⒂ これは誰の弁当箱ですか。

＿＿＿＿＿＿＿ lunchbox is this?

☐ ⒃ 彼はよきパートナーだ。

He is a good ＿＿＿＿＿＿＿.

☐ ⒄ エマに電話番号を聞きなさい。

＿＿＿＿＿＿＿ Emma for her phone number.

☐ ⒅ 私はこの単語を発音できない。

I can't ＿＿＿＿＿＿＿ this word.

解答 ⑽ female　⑾ young　⑿ speaking　⒀ minutes
⒁ sightseeing　⒂ Whose　⒃ partner　⒄ Ask
⒅ pronounce

83

☐ **Step1** 🔊≷ 音声を聞いて，単語の発音を確認しよう。

Step2 Step3		単語	意味	**Step2** つづりを確認しな≀
☐ ☐	503	**voice** ⚠ s ではなく c	图声	
☐ ☐	504	**should** ⚠ l を忘れない	助…すべきだ；…する はずだ	
☐ ☐	505	**mirror** ⚠最初の r は 2 つ	图鏡	
☐ ☐	506	**all**	形すべての　代すべて(の 人々〔もの〕)　副まったく	
☐ ☐	507	**total**	形まったくの；総計の 图合計	
☐ ☐	508	**whole**	形全体の　图全体	
☐ ☐	509	**right** ⚠発音しない gh に注意	形右の；正しい　副右 へ；正しく　图右；権利	
☐ ☐	510	**left**	形左の　副左へ　图左	
☐ ☐	511	**correct** ⚠ r は 2 つ	形正しい；適切な 動を訂正する	
☐ ☐	512	**appropriate** ⚠最初の p は 2 つ	形適切な	
☐ ☐	513	**accurate** ⚠ c は 2 つ	形正確な	
☐ ☐	514	**proper**	形適切な；(社会的に) 正しい	
☐ ☐	515	**wrong** ⚠発音しない w に注意	形間違った；(機械な どの) 調子が悪い	
☐ ☐	516	**mistake**	图間違い　動を間違え る	
☐ ☐	517	**error** ⚠最初の r は 2 つ	图間違い	
☐ ☐	518	**magical** ⚠ k ではなく c	形魔法の	
☐ ☐	519	**trick**	動をだます　图計略； いたずら；秘訣；芸	

こう。

Step 3 単語を隠して書こう。

☐ (1) それは私の最大のミスだった。

That was my greatest m _____.

☐ (2) このケーキを食べてみるべきです。

You _____ try this cake.

☐ (3) 左手が痛い。

My _____ hand hurts.

☐ (4) 私はきちんとした仕事に就きたい。

I want to get a _____ job.

☐ (5) それは魔法の映画だった。

It was a _____ movie.

☐ (6) 合計の費用はいくらですか。

What is the _____ cost?

☐ (7) 私はその歌手の声が好きだ。

I like that singer's _____.

☐ (8) ポップコーンを全部食べたの？

Did you eat a _____ the popcorn?

☐ (9) これは適切な贈り物でしょうか。

Is this an _____ gift?

解答 (1) mistake (2) should (3) left (4) proper (5) magical
(6) total (7) voice (8) all (9) appropriate

れている場合は，その文字で始めること。

☐ ⑽ （あなたが）どうかしましたか。

What's ＿＿＿＿＿＿ with you?

☐ ⑾ ピザを１枚全部食べられますか。

Can you eat a ＿＿＿＿＿ pizza?

☐ ⑿ 角を右に曲がりなさい。

Turn ＿＿＿＿ at the corner.

☐ ⒀ 間違いを繰り返すな。

Don't repeat an ＿＿＿＿＿.

☐ ⒁ 兄が私をだました。

My older brother ＿＿＿＿＿ me.

☐ ⒂ 鏡を見なさい。

Look in the ＿＿＿＿＿.

☐ ⒃ これらの数字は正確だ。

These numbers are ＿＿＿＿＿.

☐ ⒄ この答えは本当に正しいですか。

Is this answer really c＿＿＿＿＿?

解答 ⑽ wrong ⑾ whole ⑿ right ⒀ error ⒁ tricked
⒂ mirror ⒃ accurate ⒄ correct

Step 1 🔈 音声を聞いて，単語の発音を確認しよう。

Step2 Step3		単 語	意 味	Step 2 つづりを確認しな...
☐ ☐	520	tell	動 (に) ～を言う〔話す〕	
☐ ☐	521	explain	動 (を) 説明する	
☐ ☐	522	state	名状態；州；国家 動を述べる	
☐ ☐	523	report	動 (を) 報告する 名報告 (書)	
☐ ☐	524	article	名記事；品物；条項	
☐ ☐	525	item	名項目；品目；品物	
☐ ☐	526	detail	名細部；複詳細	
☐ ☐	527	information ⚠ r を忘れない	名情報	
☐ ☐	528	again	副再び	
☐ ☐	529	repeat	動 (を) 繰り返す	
☐ ☐	530	repeatedly	副繰り返して	
☐ ☐	531	alone	形1人きりの 副1人で	
☐ ☐	532	together	副一緒に	
☐ ☐	533	sleep	動眠る 名眠り	
☐ ☐	534	nap	名昼寝	
☐ ☐	535	pillow ⚠ l は 2 つ	名枕	

こう。

Step 3 単語を隠して書こう。

☐ ⑴ ユキは1人で図書館で勉強した。

Yuki studied in the library ＿＿＿＿＿＿＿．

☐ ⑵ この問題を説明してください。

Please ＿＿＿＿＿＿＿ this question to me.

☐ ⑶ 私の枕はやわらかい。

My ＿＿＿＿＿＿＿ is soft.

☐ ⑷ 校長先生に報告してください。

Please ＿＿＿＿＿＿＿ to the principal.

☐ ⑸ 私にもっと情報をちょうだい。

Give me more ＿＿＿＿＿＿＿．

☐ ⑹ 一緒にテニスができますか。

Can we play tennis ＿＿＿＿＿＿＿？

☐ ⑺ あなたの故郷について私に教えてください。

Please ＿＿＿＿＿＿＿ me about your hometown.

☐ ⑻ もう少し品物を買いたい。

I'd like to buy a few more i＿＿＿＿＿＿＿．

解答 ⑴ alone ⑵ explain ⑶ pillow ⑷ report ⑸ information
⑹ together ⑺ tell ⑻ items

れている場合は，その文字で始めること。

☐ (9) 私は昼寝をしていた。

I was taking a _____.

☐ (10) 二度と学校に遅刻しないつもりだ。

I won't be late for school _____.

☐ (11) アメリカには 50 州ある。

America has fifty _____.

☐ (12) ボタンを繰り返し押しなさい。

Press the button _____.

☐ (13) あなたの冒険の詳細を教えてください。

Please tell me the _____ of your adventure.

☐ (14) 私は毎日 8 時間眠る。

I _____ for eight hours every day.

☐ (15) 私たちの学校についての記事を読みましたか。

Did you read that _____ about our school?

☐ (16) もう一度それを繰り返していただけますか。

Can you _____ that, please?

解答 (9) nap (10) again (11) states (12) repeatedly (13) details
(14) sleep (15) article (16) repeat

☐ **Step 1** 🔊 音声を聞いて，単語の発音を確認しよう。

Step2	Step3		単 語	意 味	**Step 2** つづりを確認しな…
☐	☐	536	**excite** ⚠ si ではなく ci	動 を興奮させる；(感情) をかき立てる	_____
☐	☐	537	**cheerful** ⚠ e は 2 つ	形 元気のいい	_____
☐	☐	538	**encourage** ⚠ ou のつづりに注意	動 を励ます；を奨励する	_____
☐	☐	539	**courage** ⚠ ou のつづりに注意	名 勇気	_____
☐	☐	540	**wake** ⚠ e ではなく a	動 目をさます；を起こす	_____
☐	☐	541	**morning** ⚠ r を忘れない	名 朝；午前 (中)	_____
☐	☐	542	**a.m.**	副 午前	_____
☐	☐	543	**p.m.**	副 午後	_____
☐	☐	544	**decide** ⚠ s ではなく c	動 (を) 決める〔決心する〕	_____
☐	☐	545	**almost**	副 ほとんど；もう少しで (…するところだ)	_____
☐	☐	546	**at**	前 で；に	_____
☐	☐	547	**noise** ⚠ z ではなく s	名 (騒) 音	_____
☐	☐	548	**silent**	形 沈黙した；静かな	_____
☐	☐	549	**calm** ⚠ al のつづりに注意	形 穏やかな	_____
☐	☐	550	**stop**	動 を止める；をやめる 名 停止	_____
☐	☐	551	**prevent**	動 を妨げる；を防ぐ	_____
☐	☐	552	**advance**	動 を進歩させる；前進する 名 前進；発達	_____
☐	☐	553	**advantage**	名 有利 (な点)	_____

う。

Step3 単語を隠して書こう。

☐ (1) クラスメイトは終わらせるように私を励ました。

My classmates ＿＿＿＿＿＿＿＿ me to finish.

☐ (2) あの丘に登るには勇気が必要だった。

I needed ＿＿＿＿＿＿＿＿ to climb that hill.

☐ (3) 最後の授業は午後 3 時に終わる。

The last class finishes at 3 ＿＿＿＿＿＿＿＿.

☐ (4) 海は穏やかだった。

The sea was ＿＿＿＿＿＿＿＿.

☐ (5) この小説は私をわくわくさせた。

This novel ＿＿＿＿＿＿＿＿ me.

☐ (6) 私は背が高いので有利だ。

I have an ＿＿＿＿＿＿＿＿ because I'm tall.

☐ (7) 今朝は雨が降っていた。

It was raining this ＿＿＿＿＿＿＿＿.

☐ (8) これはデザインにおいて大きな進歩だ。

This is a big ＿＿＿＿＿＿＿＿ in design.

解答 (1) encouraged (2) courage (3) p.m (4) calm (5) excited
(6) advantage (7) morning (8) advance

☐ (9) 今日はとても元気がよく見えます。

You look very ＿＿＿＿＿＿ today.

☐ (10) 午前 9 時に会いましょう。

I'll see you at 9 ＿＿＿＿＿.

☐ (11) 父が休暇の計画を決めた。

My father ＿＿＿＿＿＿ our holiday plans.

☐ (12) 今書くのをやめなさい。

＿＿＿＿＿ writing now.

☐ (13) ほとんどすべての生徒がそのイベントに参加した。

＿＿＿＿＿ all of the students joined in the event.

☐ (14) このクラスはうるさすぎる。

There is too much ＿＿＿＿＿ in this class.

☐ (15) 私は普段 6 時に目ざめる。

I usually ＿＿＿＿＿ up at six.

☐ (16) 私は普段 6 時 30 分に家を出る。

I usually leave home ＿＿＿＿＿ 6:30.

解答 (9) cheerful　(10) a.m　(11) decided　(12) Stop　(13) Almost
(14) noise　(15) wake　(16) at

☐ **Step1** 🔊 音声を聞いて，単語の発音を確認しよう。

Step2	Step3		単 語	意 味	**Step2** つづりを確認しな
☐	☐	554	**baby**	图赤ん坊	
☐	☐	555	**cry**	動泣く；(と) 叫ぶ 图叫び (声)；泣き声	
☐	☐	556	**ground**	图地面；運動場	
☐	☐	557	**pick**	動を選ぶ；(花など) を摘む	
☐	☐	558	**choose** ⚠o は 2 つ	動 (を) 選ぶ	
☐	☐	559	**election**	图選挙；当選	
☐	☐	560	**vote**	图動投票 (をする)	
☐	☐	561	**tiny**	形とても小さい；ごくわずかの	
☐	☐	562	**busy** ⚠i ではなく u	形忙しい；ごったがえした	
☐	☐	563	**business** ⚠最後の s は 2 つ	图仕事；商売；会社	
☐	☐	564	**merchant** ⚠ch のつづりに注意	图商人　形商業の	
☐	☐	565	**wash** ⚠o ではなく a	動 (を) 洗う	
☐	☐	566	**cook**	動 (を) 料理する 图料理人	
☐	☐	567	**dish**	图皿；料理	
☐	☐	568	**kitchen** ⚠t を忘れない	图台所	
☐	☐	569	**fridge** ⚠d を忘れない	图冷蔵庫	
☐	☐	570	**boil**	動を沸騰させる；沸騰する；を煮る；煮える	
☐	☐	571	**burn** ⚠a ではなく u	動燃える；を燃やす；焦げる	
☐	☐	572	**freeze**	動凍る；を凍らせる	

こう。

Step 3 単語を隠して書こう。

		単 語	意 味	**Step 2** つづりを確認しな
☐ ☐	573	clean	形清潔な　動をきれいにする；(を)掃除する	
☐ ☐	574	fresh	形新鮮な；新しい	
☐ ☐	575	dirty	形汚い	
☐ ☐	576	dust ⚠ a ではなく u	名ほこり	
☐ ☐	577	change	動を変える；を交換する；変わる　名変化	
☐ ☐	578	exchange	動を交換する　名交換	
☐ ☐	579	translate	動を翻訳する (A into B)；を移す；翻訳する	
☐ ☐	580	affect ⚠ f は 2 つ	動に影響する；を感動させる	
☐ ☐	581	care	名注意；世話　動 (を)気にする	
☐ ☐	582	worry	動心配する；を心配させる　名心配	

こう。

次の日本文にあった英文になるように，空所に適切な語を入れよう。ただし語頭が与

☐ (1) このリンゴはとても新鮮だ。

This apple is very ＿＿＿＿＿＿＿.

☐ (2) かばんを地面に置きなさい。

Put your bags down on the ＿＿＿＿＿＿＿.

☐ (3) テストについて心配しないで。

Don't ＿＿＿＿＿ about the test.

☐ (4) クッキーを皿に置きなさい。

Put the cookies on a ＿＿＿＿＿＿＿.

☐ (5) 勝者を選ぶ時間だ。

It's time to c ＿＿＿＿＿＿＿ the winner.

☐ (6) 天気が私たちの計画に影響を与えるだろう。

The weather will ＿＿＿＿＿ our plan.

☐ (7) サラは彼女のネコが死んだあと泣いた。

Sara ＿＿＿＿＿ after her cat died.

☐ (8) 今日は道路が混んでいる。

The roads are ＿＿＿＿＿ today.

☐ (9) 私たちの台所はとても小さい。

Our ＿＿＿＿＿＿＿ is very small.

- -

解答 (1) fresh (2) ground (3) worry (4) dish (5) choose
(6) affect (7) cried (8) busy (9) kitchen

れている場合は，その文字で始めること。

☐ (10) 部屋を掃除してください。

Please ＿＿＿＿ the room.

☐ (11) 髪型を変えた？

Did you ＿＿＿＿ your hair?

☐ (12) 道路を横切る時には気をつけなさい。

Take ＿＿＿＿ when you cross the road.

☐ (13) 天ぷらの作り方を知っていますか。

Do you know how to ＿＿＿＿ *tempura*?

☐ (14) 父は印刷会社を経営している。

My father runs a printing ＿＿＿＿.

☐ (15) 私は我々のチームにハルナを選んだ。

I p＿＿＿＿ Haruna for our team.

☐ (16) リビングは今とても汚い。

The living room is very ＿＿＿＿ now.

☐ (17) このシャツを交換してもいいですか。

Can I ＿＿＿＿ this shirt?

☐ (18) 私は朝食の前に顔を洗った。

I ＿＿＿＿ my face before breakfast.

解答 (10) clean (11) change (12) care (13) cook (14) business
(15) picked (16) dirty (17) exchange (18) washed

☐ **Step 1** ◀€ 音声を聞いて，単語の発音を確認しよう。

Step2	Step3		単 語	意 味	**Step 2** つづりを確認しなが
☐	☐	583	**fisherman**	图漁師；つり人	
☐	☐	584	**fish**	图魚 動つりをする	
☐	☐	585	**aquarium**	图水族館	
☐	☐	586	**Pacific** ▲ s ではなく c	形太平洋の	
☐	☐	587	**Atlantic**	形大西洋の	
☐	☐	588	**ocean** ▲ s ではなく c	图 (the) 大洋	
☐	☐	589	**sea** ▲ ea に注意	图 (通例the) 海	
☐	☐	590	**sailor**	图船員	
☐	☐	591	**river**	图川	
☐	☐	592	**lake**	图湖	
☐	☐	593	**bay** ▲ e ではなく a	图湾；入り江	
☐	☐	594	**pond**	图池	
☐	☐	595	**canal**	图運河	
☐	☐	596	**shore**	图 (海・湖・広い河川の) 岸	
☐	☐	597	**coast** ▲ oa のつづりに注意	图沿岸；海岸	
☐	☐	598	**mile**	图マイル (1.609km)	
☐	☐	599	**something** ▲ a ではなく o	代何か	
☐	☐	600	**object**	图物；対象；目的 動反対する (to)	
☐	☐	601	**somebody** ▲ a ではなく o	代誰か 图名のある人	

こう。

Step3 単語を隠して書こう。

		単語	意味	**Step2** つづりを確認しな
☐ ☐	602	**someone** ⚠ sa ではなく so	代誰か	
☐ ☐	603	**someday** ⚠ sa ではなく so	副いつか	
☐ ☐	604	**somewhere** ⚠ a ではなく o	副どこかで〔へ〕；およそ	
☐ ☐	605	**strange**	形奇妙な；見知らぬ	
☐ ☐	606	**unknown** ⚠発音しない k に注意	形未知の	
☐ ☐	607	**whale**	名クジラ	
☐ ☐	608	**move** ⚠ b ではなく v	動を動かす；を感動させる；動く；引っ越す	
☐ ☐	609	**remove**	動を取り除く；を移す	
☐ ☐	610	**quick**	形すばやい	
☐ ☐	611	**slide**	動すべる；をすべらせる	
☐ ☐	612	**spread**	動を広げる；広がる；を塗る	
☐ ☐	613	**impress** ⚠ n ではなく m	動を感動させる；に（よい）印象を与える	
☐ ☐	614	**boat**	名ボート；船	
☐ ☐	615	**map**	名地図	
☐ ☐	616	**continent**	名大陸	
☐ ☐	617	**island** ⚠発音しない s に注意	名島	
☐ ☐	618	**land**	名土地；陸地　動着陸する	
☐ ☐	619	**sky**	名 (通例 the) 空	
☐ ☐	620	**beach** ⚠ ch のつづりに注意	名浜辺；海岸	

		単語	意味	**Step 2** つづりを確認しな[...]
☐ ☐	621	**port**	图港 (町)	
☐ ☐	622	**hill**	图丘	
☐ ☐	623	**downtown** ⚠ a ではなく o	图町の中心街　副町の 中心街へ	
☐ ☐	624	**square**	图(四角い) 広場；正方形 形正方形〔四角〕の	
☐ ☐	625	**wide**	形(幅が) 広い	
☐ ☐	626	**yard**	图庭；ヤード	

Step4　次の日本文にあった英文になるように，空所に適切な語を入れよう。ただし語頭が与[...]

☐　(1) 何か飲み物をお持ちしましょうか。

Can I get you ⎽⎽⎽⎽⎽⎽⎽⎽⎽⎽⎽ to drink?

☐　(2) それは知らない単語だ。

That is a ⎽⎽⎽⎽⎽⎽⎽⎽⎽⎽⎽ word.

☐　(3) みなさん，広がってください。

Everybody, please ⎽⎽⎽⎽⎽⎽⎽⎽⎽⎽⎽ out.

☐　(4) 私はあなたの考えに反対だ。

I ⎽⎽⎽⎽⎽⎽⎽⎽⎽⎽⎽ to your idea.

☐　(5) いつここに引っ越しましたか。

When did you ⎽⎽⎽⎽⎽⎽⎽⎽⎽⎽⎽ here?

解答　(1) something　(2) strange　(3) spread　(4) object　(5) move

ている場合は，その文字で始めること。

☐ (6) 誰かがあなたを呼んでいます。

_____ is calling you.

☐ (7) 彼の演奏は私を感動させた。

His performance i_____ me.

☐ (8) あの川の名前は何ですか。

What is the name of that _____?

☐ (9) 彼は速いランナーだ。

He is a _____ runner.

☐ (10) 私は夕食に魚を食べた。

I had _____ for dinner.

解答 (6) Someone 〔Somebody〕 (7) impressed (8) river (9) quick
(10) fish

☐ **Step 1** 🔊 音声を聞いて，単語の発音を確認しよう。

Step2	Step3		単 語	意 味	**Step 2** つづりを確認しな
☐	☐	627	**net**	名網	
☐	☐	628	**special** ⚠ s ではなく c	形特別の〔な〕	
☐	☐	629	**especially** ⚠ l は 2 つ	副特に	
☐	☐	630	**extra**	形余分の；特別の	
☐	☐	631	**only** ⚠最後の文字は y	副ただ…だけ 形ただ1つ〔1人〕の	
☐	☐	632	**unique**	形独特の；特有の (to)	
☐	☐	633	**help**	動 (を) 助ける；(を) 手伝う 名助け	
☐	☐	634	**rescue** ⚠ cue のつづりに注意	名救助；救済 動を救う	
☐	☐	635	**support** ⚠ p は 2 つ	動を支持する；を支える 名支持	
☐	☐	636	**assistant** ⚠最初の s は 2 つ	名助手	
☐	☐	637	**save**	動 (を) 救う；を蓄える；を節約する	
☐	☐	638	**economy**	名経済 (制度)；景気；節約	

う。

Step 3 単語を隠して書こう。

☐ (1) この問題を手伝ってくれますか。

Can you ＿＿＿＿＿ me with this question?

☐ (2) 景気はどうですか。

How is the ＿＿＿＿＿?

☐ (3) 私たちは特にホテルの部屋が気に入った。

We ＿＿＿＿＿ liked the hotel room.

☐ (4) その店は火曜日のみ休みだ。

The shop is closed ＿＿＿＿＿ on Tuesdays.

☐ (5) あなたの計画にはほとんど支援がありません。

Your project has very little ＿＿＿＿＿.

☐ (6) あなたに特別なプレゼントがあります。

I have a ＿＿＿＿＿ present for you.

解答 (1) help (2) economy (3) especially (4) only (5) support (6) special

☐ (7) 私たちのクラスには指導助手がいる。

Our class has a teaching ＿＿＿＿＿＿＿＿.

☐ (8) それは独特のアイディアですね。

That's a ＿＿＿＿＿＿＿＿ idea.

☐ (9) 私たちは網で魚をつかまえた。

We caught a fish in a ＿＿＿＿＿＿＿.

☐ (10) 私たちは追加料金を支払わなければならない。

We have to pay an ＿＿＿＿＿＿ charge.

☐ (11) あなたが私の命を救ってくれました。

You ＿＿＿＿＿＿ my life.

☐ (12) 救助隊が到着した時その少年はまだ生きていた。

The boy was still alive when the ＿＿＿＿＿＿＿＿ party arrived.

だいぶ進んで
きたよ！

0　　500　　1000　　1500　　2000

解答 (7) assistant (8) unique (9) net (10) extra (11) saved
(12) rescue

□ **Step 1** 🔊 音声を聞いて、単語の発音を確認しよう。

			単 語	意 味	**Step 2** つづりを確認しな
Step2	Step3				
□	□	639	**few**	形 少しの〜；ほとんどない 代 少しの人々	
□	□	640	**hour** ⚠発音しないhに注意	名 (1) 時間	
□	□	641	**arrive** ⚠rは2つ	動 到着する	
□	□	642	**everywhere**	副 どこでも	
□	□	643	**body**	名 身体	
□	□	644	**shape**	名 形；姿	
□	□	645	**tail**	名 (動物の) 尾	
□	□	646	**tale**	名 (事実・伝説・架空の) 話；うそ	
□	□	647	**cut** ⚠aではなくu	動 (を) 切る；切れる	
□	□	648	**divide**	動 (を) 分割する；分配する；分かれる	
□	□	649	**separate**	動 を分ける；分かれる 形 離れた；別々の	
□	□	650	**unite**	動 を結び付ける；団結する	
□	□	651	**connect** ⚠nは2つ	動 をつなぐ〔関係づける〕	
□	□	652	**heart**	名 心臓；心	
□	□	653	**blood**	名 血液	
□	□	654	**pressure** ⚠sは2つ	名 圧力；重圧	
□	□	655	**bone**	名 骨	
□	□	656	**muscle** ⚠cを忘れない	名 筋肉	
□	□	657	**brain**	名 脳；頭脳	

こう。

Step3 単語を隠して書こう。

			単語	意味	**Step 2** つづりを確認しな
☐	☐	658	**hair**	图髪	
☐	☐	659	**skin**	图皮膚；皮	
☐	☐	660	**face**	图顔　動(に)面する	
☐	☐	661	**mouth** ⚠ mouse との区別に注意	图口	
☐	☐	662	**lip**	图 唇^{くちびる}	
☐	☐	663	**tooth**	图歯	
☐	☐	664	**neck** ⚠ ck のつづりに注意	图首	
☐	☐	665	**shoulder** ⚠ u を忘れない	图肩	
☐	☐	666	**stomach** ⚠ k ではなく ch	图胃；腹(部)	
☐	☐	667	**knee** ⚠発音しない k に注意	图ひざ	
☐	☐	668	**ankle**	图足首	
☐	☐	669	**leg**	图脚	
☐	☐	670	**nail** ⚠ e ではなく a	图つめ；くぎ	
☐	☐	671	**weight** ⚠発音しない gh に注意	图重量；重要さ	
☐	☐	672	**slim**	圏ほっそりとした	
☐	☐	673	**gesture**	图身ぶり；ジェスチャー	
☐	☐	674	**feature**	图特徴；徴顔立ち；呼び物　動を呼び物とする	

こう。

☐ (1) 指を切ったの？

Did you ＿＿＿＿＿ your finger?

☐ (2) 祖父が昨夜到着した。

My grandfather ＿＿＿＿＿＿＿ last night.

☐ (3) あなたのペンケースはどんな形ですか。

What ＿＿＿＿＿ is your pen case?

☐ (4) 私はクラスを１つにまとめたい。

I want to ＿＿＿＿＿ my class.

☐ (5) 私はほんの少ししかゲームを持っていない。

I only have a ＿＿＿＿＿ games.

☐ (6) 私のイヌのしっぽは長い。

My dog has a long ＿＿＿＿＿.

☐ (7) これらのプラスチックのブロックを分けてくれますか。

Can you s＿＿＿＿＿ these plastic blocks?

解答　(1) cut　(2) arrived　(3) shape　(4) unite　(5) few　(6) tail
(7) separate

れている場合は，その文字で始めること。

☐ (8) 走ったあと，体が痛かった。

My _____ hurt after running.

☐ (9) このケーキを 8 切れに分けてくれますか。

Can you d _____ this cake into eight pieces?

☐ (10) 赤いワイヤーを青いのにつなげて。

_____ the red wire to the blue one.

☐ (11) 昼食の時間は 1 時間後だ。

Lunch time is in one _____.

☐ (12) 私たちは京都のあらゆる所へ行った。

We went _____ in Kyoto.

☐ (13) それはおもしろい物語だ。

That is an interesting _____.

解答 (8) body (9) divide (10) Connect (11) hour (12) everywhere
(13) tale

□ **Step1** ◀ミ 音声を聞いて、単語の発音を確認しよう。

Step2	Step3		単語	意味	**Step2** つづりを確認しなか
□	□	675	**big**	形大きい	
□	□	676	**huge**	形巨大な	
□	□	677	**dangerous** ⚠ ou のつづりに注意	形危険な	
□	□	678	**endanger**	動を危険にさらす	
□	□	679	**adventure**	名冒険	
□	□	680	**drug** ⚠ a ではなく u	名薬;麻薬	
□	□	681	**drugstore** ⚠ a ではなく u	名薬局;ドラッグストア	
□	□	682	**safe**	形安全な 名金庫	
□	□	683	**guard**	動(を)守る;を見張る 名警備(員)	
□	□	684	**kill**	動(を)殺す	
□	□	685	**destroy**	動を破壊する	
□	□	686	**damage**	名損害 動に損害を与える	
□	□	687	**hunt** ⚠ a ではなく u	名狩り 動を狩る;狩りをする	
□	□	688	**crime**	名犯罪	
□	□	689	**thief**	名泥棒	
□	□	690	**poison** ⚠ zon ではなく son	名毒(物)	

こう。	**Step3** 単語を隠して書こう。

☐　(1) 車に損傷をいくつか見つけた。

I found some ＿＿＿＿＿＿＿ to the car.

☐　(2) この市はとても安全だ。

This city is very ＿＿＿＿＿＿＿.

☐　(3) あのゴキブリをしとめたい。

I want to ＿＿＿＿＿＿＿ that cockroach.

☐　(4) 警察は昨日泥棒をつかまえた。

The police caught a ＿＿＿＿＿＿＿ yesterday.

☐　(5) 巨大な嵐が近づいている。

A ＿＿＿＿＿＿＿ storm is coming.

☐　(6) 私は冒険物語を読むのが好きだ。

I like reading ＿＿＿＿＿＿＿ stories.

☐　(7) 狩りに出かけよう。

Let's go ＿＿＿＿＿＿＿.

☐　(8) 私のイヌの耳は大きい。

My dog has ＿＿＿＿＿＿＿ ears.

解答　(1) damage　(2) safe　(3) kill　(4) thief　(5) huge
(6) adventure　(7) hunting　(8) big

(9) この市では犯罪はあまり多くない。

There is not much ＿＿＿＿＿ in this city.

(10) 一番近い薬局はどこにありますか。

Where's the nearest ＿＿＿＿＿?

(11) これらのキノコは毒を含んでいる。

These mushrooms contain ＿＿＿＿＿.

(12) タバコを吸うことはあなたの健康を危険にさらしますよ。

Smoking will ＿＿＿＿＿ your health.

(13) 絶対に薬物を使用してはいけません！

Don't ever take ＿＿＿＿＿!

(14) 台風が多くの建物を破壊した。

A typhoon ＿＿＿＿＿ a lot of buildings.

(15) 私のバッグを見張ってくれますか。

Can you ＿＿＿＿＿ my bag?

(16) ヘルメットなしで乗ってはいけません！　危険すぎます！

Don't ride without a helmet!　It's too ＿＿＿＿＿!

解答　(9) crime　(10) drugstore　(11) poison　(12) endanger　(13) drugs
(14) destroyed　(15) guard　(16) dangerous

☐ **Step1** 🔊 音声を聞いて，単語の発音を確認しよう。

Step2	Step3		単 語	意 味	**Step2** つづりを確認しな
☐	☐	691	put	動を置く；を…の状態にする	
☐	☐	692	set	動を置く；を(ある状態に)する 名一揃い	
☐	☐	693	dive	動飛び込む；潜る	
☐	☐	694	suit ▲iを忘れない	動に好都合である；(服が)(人)に似合う	
☐	☐	695	jump	動とぶ〔ジャンプする〕名 跳躍	
☐	☐	696	step	名歩み；(階段の)段 動歩む	
☐	☐	697	hold	動を持っている；(会など)を開く	
☐	☐	698	include	動を含む	
☐	☐	699	knife ▲発音しないkに注意	名ナイフ	
☐	☐	700	fork	名(食卓用)フォーク	
☐	☐	701	spoon	名スプーン	
☐	☐	702	hand	名手 動を手渡す	
☐	☐	703	finger	名指	
☐	☐	704	captain	名船長；機長；キャプテン	
☐	☐	705	stay	動とどまる；滞在する 名滞在	
☐	☐	706	exist	動存在する；生存する	
☐	☐	707	consist	動成る (of)；存在する (in)	
☐	☐	708	watch ▲oではなくa	動(を)注意して見る 名腕時計	
☐	☐	709	observe	動(に)気づく；(を)観察する；を述べる	

う。

Step 3 単語を隠して書こう。

Step2	Step3		単語	意味	**Step 2** つづりを確認しな…
☐	☐	710	**eye**	图目	
☐	☐	711	**visually** ⚠ lは2つ	圓視覚的に (は) ; 目で見て	
☐	☐	712	**blind**	厖目の見えない	
☐	☐	713	**deaf** ⚠ a を忘れない	厖耳が聞こえない	

Step 4 次の日本文にあった英文になるように，空所に適切な語を入れよう。

☐ ⑴ それは映画の中でしか存在しない。

That only ＿＿＿＿＿＿＿ in the movies.

☐ ⑵ 私の学校はサッカーの試合を開催した。

My school ＿＿＿＿＿ a soccer tournament.

☐ ⑶ この色はあなたに似合っています。

This color ＿＿＿＿＿ you.

☐ ⑷ 今晩星を観察しよう。

Let's ＿＿＿＿＿＿ the stars tonight.

☐ ⑸ 彼女を計画に入れてくださいませんか。

Could you ＿＿＿＿＿＿ her in the plans?

☐ ⑹ かばんをあちらへ置きなさい。

＿＿＿＿＿ your bag over there.

- -

解答　⑴ exists　⑵ held　⑶ suits　⑷ observe　⑸ include　⑹ Put

124

Step 3 単語を隠して書こう。

(7) 私はすてきなホテルに泊まった。

I ＿＿＿＿＿＿ at a nice hotel.

(8) 手を洗いましょう。

Let's wash our ＿＿＿＿＿.

(9) 私たちは野球の試合を見た。

We ＿＿＿＿＿ a baseball game.

(10) グレッグの目は緑色だ。

Greg's ＿＿＿＿＿ are green.

(11) 私たちはテーブルの用意をしなければならない。

We should ＿＿＿＿＿ the table.

(12) 彼の食事はインスタント食品から成る。

His diet ＿＿＿＿＿ of instant food.

解答 (7) stayed (8) hands (9) watched (10) eyes (11) set
(12) consists

24 サンフランシスコ沖の巨大クジラ(6)

Step 1 音声を聞いて，単語の発音を確認しよう。

			単 語	意 味	**Step 2** つづりを確認しな
Step2	Step3				
☐	☐	714	last	形最後の;この前の 副最後に 名最後 動続く	
☐	☐	715	continue	動続く；を続ける	
☐	☐	716	circle ⚠最初は s ではなく c	名円	
☐	☐	717	triangle	名三角形	
☐	☐	718	line	名線；列;線路	
☐	☐	719	air	名空気；(the) 空中	
☐	☐	720	airplane	名飛行機	
☐	☐	721	airport	名空港	
☐	☐	722	oxygen ⚠xy のつづりに注意	名酸素	
☐	☐	723	then	副その時；それから；それなら	
☐	☐	724	why	副なぜ	
☐	☐	725	swim	動泳ぐ	
☐	☐	726	pool	名プール	
☐	☐	727	float	動浮く；漂う；を浮かべる	

う。

Step3 単語を隠して書こう。

Step 4 次の日本文にあった英文になるように，空所に適切な語を入れよう。ただし語頭が⊆

☐ (1) 私は海で泳ぐことが好きだ。

I like _____ in the sea.

☐ (2) 直角三角形を描きなさい。

Draw a right _____.

☐ (3) 空港は1時間のところにある。

The _____ is one hour away.

☐ (4) 池にびんが浮かんでいる。

A bottle is _____ in the pond.

☐ (5) 休憩のあとも映画は続く。

The movie will c_____ after the break.

☐ (6) 植物は酸素を生み出す。

Plants produce _____.

☐ (7) 電車の線路が私たちの学校のそばを通っている。

A train _____ runs near our school.

解答 (1) swimming (2) triangle (3) airport (4) floating
(5) continue (6) oxygen (7) line

れている場合は，その文字で始めること。

□ (8) 私たちは1時間遊び，それから帰宅した。

We played for an hour, and ＿＿＿＿＿＿ we went home.

□ (9) 私たちは大きな円になった。

We stood in a large ＿＿＿＿＿＿＿.

□ (10) 私たちはそこへ行くのに飛行機に乗る必要がある。

We need to take an ＿＿＿＿＿＿＿ to get there.

□ (11) プールは7月にオープンする。

The ＿＿＿＿＿ opens in July.

□ (12) これが最後のクッキーだ。

This is the ＿＿＿＿＿ cookie.

□ (13) 山の上の空気は冷たい。

The ＿＿＿＿＿ is cold on top of the mountain.

□ (14) なぜ空は青いのですか。

＿＿＿＿＿ is the sky blue?

解答 (8) then (9) circle (10) airplane (11) pool (12) last
(13) air (14) Why

☐ **Step 1** 🔊 音声を聞いて，単語の発音を確認しよう。

Step2	Step3		単 語	意 味	**Step 2** つづりを確認しな
☐	☐	728	push	動 (を) 押す	
☐	☐	729	pull	動 (を) 引く	
☐	☐	730	throw	動 (を) 投げる	
☐	☐	731	nose ⚠ z ではなく s	名鼻	
☐	☐	732	smell	動のにおいがする；においをかぐ 名におい	
☐	☐	733	touch	動 (に) 触れる 名接触；感触	
☐	☐	734	contact	名接触；連絡 動と連絡を取る	
☐	☐	735	welcome	間ようこそ 動を歓迎する 形歓迎される	
☐	☐	736	accept ⚠ c は 2 つ	動を受け入れる〔受け取る〕；を認める	

Step 4 次の日本文にあった英文になるように，空所に適切な語を入れよう。

☐ (1) 絵に触れないでください。

Do not ＿＿＿＿＿ the pictures.

☐ (2) あなたのご招待を受けます。

I ＿＿＿＿＿ your invitation.

☐ (3) このドアを引いて開けなさい。

＿＿＿＿＿ this door to open it.

☐ (4) 日本へようこそ！

＿＿＿＿＿ to Japan!

解答 (1) touch (2) accept (3) Pull (4) Welcome

こう。	Step3 単語を隠して書こう。

☐ ⑸ ボタンを押してくれませんか。

Can you ＿＿＿＿＿＿ the button?

☐ ⑹ その花のにおいがわかりますか。

Can you ＿＿＿＿＿＿ the flowers?

☐ ⑺ ボールを私に投げなさい。

＿＿＿＿＿＿ the ball to me.

☐ ⑻ 今日は鼻水が出ている。

My ＿＿＿＿＿＿ is running today.

解答 ⑸ push ⑹ smell ⑺ Throw ⑻ nose

131

□ **Step 1** 🔊 音声を聞いて，単語の発音を確認しよう。

Step2	Step3		単語	意味	**Step 2** つづりを確認しな♪
□	□	737	university	图(総合)大学	
□	□	738	campus ⚠nではなくm	图キャンパス	
□	□	739	teacher	图先生	
□	□	740	professor ⚠sは2つ	图教授	
□	□	741	professional ⚠sは2つ	形専門家の；プロの	
□	□	742	education	图教育	
□	□	743	test	图試験 動(を)試験する	
□	□	744	exam	图試験	
□	□	745	examination	图試験；検査；診察	
□	□	746	different ⚠fは2つ	形異なる	
□	□	747	difference ⚠fは2つ。sではなくc	图違い	
□	□	748	various	形多様な	
□	□	749	contrast	图対照；相違 動を対比する	
□	□	750	compare ⚠nではなくm	動を比較する(with；to)；をたとえる(to)	
□	□	751	animal	图動物	
□	□	752	out	副外へ〔に〕；外出して；なくなって	
□	□	753	which	代どちら；(関係代名詞として)…する(ところの)	
□	□	754	smart	形頭のよい；洗練された	
□	□	755	clever	形利口な；器用な	

こう。	**Step3** 単語を隠して書こう。

			単 語	意 味	**Step 2** つづりを確認しな
☐	☐	756	wise	形賢い	
☐	☐	757	intelligent ⚠ l は 2 つ	形知能の高い；知能を持った	
☐	☐	758	skill	名技術；技能	
☐	☐	759	craft	名工芸；(手先の) 技術	
☐	☐	760	silly	形愚かな	
☐	☐	761	monkey	名サル	
☐	☐	762	than ⚠ th のつづりに注意	接…よりも	
☐	☐	763	room	名部屋；余地	
☐	☐	764	box	名箱	
☐	☐	765	case	名場合；実例；ケース (容器)	
☐	☐	766	small	形小さい	
☐	☐	767	inside	前の内側に　副内側に 形内側の　名内側	
☐	☐	768	nothing ⚠ th のつづりに注意	代何も…ない	
☐	☐	769	blank	形空 (白) の　名空白	
☐	☐	770	food	名食べ物；食糧	
☐	☐	771	feed	動に食べ物を与える；(家族など) を養う	
☐	☐	772	agriculture	名農業	
☐	☐	773	farm	名農場；農園	
☐	☐	774	farming	名農業	

		単 語	意 味	**Step 2** つづりを確認しな
☐ ☐	775	**crop**	图 (穀物などの) 作物；収穫高	
☐ ☐	776	**harvest**	图収穫 (物；期) 動を収穫する	

Step 4 次の日本文にあった英文になるように，空所に適切な語を入れよう。ただし語頭が与

☐ (1) あなたは私より速く走ります。

You run faster ＿＿＿＿＿ I do.

☐ (2) 数学のテストはどうだった？

How did you do on your math t＿＿＿＿？

☐ (3) 私はピクニックのためにいくらか食べ物を買った。

I bought some ＿＿＿＿＿ for the picnic.

☐ (4) どの風味が一番好きですか。

＿＿＿＿＿ flavor do you like best?

☐ (5) 私は6時に外出したい。

I want to go ＿＿＿＿＿ at six.

☐ (6) 私たちには優れた教育制度がある。

We have a good ＿＿＿＿＿ system.

☐ (7) どの大学に行くつもりですか。

Which ＿＿＿＿＿ will you go to?

- -

解答 (1) than　(2) test　(3) food　(4) Which　(5) out　(6) education
(7) university

れている場合は，その文字で始めること。

☐ (8) あなたのご両親は先生ですか。

Are your parents ＿＿＿＿＿＿＿＿＿？

☐ (9) 建物の中は暖かい。

It's warm ＿＿＿＿＿＿＿＿ the building.

☐ (10) 2 つの車の費用を比べよう。

Let's ＿＿＿＿＿＿＿ how much the two cars cost.

☐ (11) あなたはサッカーの技術に優れていますね。

You have a lot of ＿＿＿＿＿ with a football.

☐ (12) 何も言うことはない。

I have ＿＿＿＿＿＿＿ to say.

☐ (13) あれが私の兄〔弟〕の部屋だ。

That is my brother's ＿＿＿＿＿.

☐ (14) あなたのコンピューターはとても小さいですね。

Your computer is very ＿＿＿＿＿.

解答 (8) teachers　(9) inside　(10) compare　(11) skill　(12) nothing
(13) room　(14) small

☐ **Step 1** ◀🎵 音声を聞いて，単語の発音を確認しよう。

Step2	Step3		単 語	意 味	**Step 2** つづりを確認しなか
☐	☐	777	**leave** ▲ ea のつづりに注意	動 (を) 去る；を残す	
☐	☐	778	**quit**	動 をやめる；去る	
☐	☐	779	**retire**	動 退職〔引退〕する (from)	
☐	☐	780	**outside**	前 の外側に 副 外側に 形 外側の 名 外側	
☐	☐	781	**surface** ▲ se ではなく ce	名 表面；(the) 外観	
☐	☐	782	**door**	名 ドア	
☐	☐	783	**hole**	名 穴	
☐	☐	784	**cave**	名 洞くつ	
☐	☐	785	**dig**	動 (を) 掘る；を突っ込む	
☐	☐	786	**imagine**	動 (を) 想像する	
☐	☐	787	**image**	名 印象；像；画像；生き写し	
☐	☐	788	**symbol** ▲ i ではなく y	名 象徴；シンボル	
☐	☐	789	**surprise** ▲ ur のつづりに注意	動 を驚かす 名 驚き	
☐	☐	790	**amaze**	動 をとても驚かせる	
☐	☐	791	**frightened** ▲ 発音しない gh に注意	形 おびえた	
☐	☐	792	**disappointed** ▲ p は 2 つ	形 失望した	
☐	☐	793	**straight** ▲ 発音しない gh に注意	副 まっすぐに 形 まっすぐな	
☐	☐	794	**honest** ▲ 最初の h を忘れない	形 正直な；率直な	
☐	☐	795	**frank**	形 率直な	

こう。	**Step3** 単語を隠して書こう。

Step2 Step3		単語	意味	**Step2** つづりを確認しな[...]
☐ ☐	796	side	图側；側面	
☐ ☐	797	sidewalk	图歩道	
☐ ☐	798	through ⚠発音しない gh に注意	前を通って；のあちこちに〔を〕；を通じて	

Step4 次の日本文にあった英文になるように，空所に適切な語を入れよう。ただし語頭が与[...]

☐ (1) 脇に突然の痛みを感じた。

I felt a sudden pain in my ＿＿＿＿＿＿.

☐ (2) 私たちの高校には自動ドアがある。

Our high school has an automatic ＿＿＿＿＿＿.

☐ (3) 私たちはジュンコをパーティーで驚かせた。

We s＿＿＿＿＿ Junko with a party.

☐ (4) 私たちは8時に出発できます。

We can ＿＿＿＿＿ at eight.

☐ (5) 私たちがお金持ちだと想像してみよう。

Let's ＿＿＿＿＿ that we are rich.

☐ (6) 私は自転車を外に置いている。

I keep my bicycle ＿＿＿＿＿.

☐ (7) 彼女は仕事をやめた。

She q＿＿＿＿＿ her job.

解答 (1) side (2) door (3) surprised (4) leave (5) imagine
(6) outside (7) quit

140

れている場合は，その文字で始めること。

☐ (8) このトンネルを通って駅へ行きなさい。

Go _____ this tunnel to the station.

☐ (9) 私は自分自身に失望している。

I'm _____ with myself.

☐ (10) 5分ほどまっすぐ進んでください。

Go _____ for about five minutes.

☐ (11) ジャックは正直な男だ。

Jack is an _____ man.

☐ (12) 彼のバスケットボールの技術は私をとても驚かせた。

He a_____ me with his basketball skills.

☐ (13) おびえないで！

Don't be _____!

☐ (14) あなたの率直な意見を聞かせて。

Give me your _____ opinion.

解答 (8) through (9) disappointed (10) straight (11) honest
(12) amazed (13) frightened (14) frank

28 チョコレートの歴史(1)

Step2	Step3		単 語	意 味	Step 2 つづりを確認しな～
□	□	799	today	副今日 (は)；今日では 名今日	
□	□	800	people ⚠oを忘れない	名人々；国民	
□	□	801	human	形人間の；人間的な 名人間	
□	□	802	population	名人口	
□	□	803	chocolate	名チョコレート	
□	□	804	word ⚠aではなくo	名単語；(複)言葉	
□	□	805	language	名言語；言葉	
□	□	806	originally ⚠lは2つ	副もとは；独創的に	
□	□	807	source ⚠seではなくce	名源；原因；情報源	
□	□	808	resource	名(通例(複))資源；財源	
□	□	809	native ⚠eiではなくa	形出生地の；土着の 名〜生まれの人	
□	□	810	mean ⚠eaのつづりに注意	動を意味する	
□	□	811	bitter	形つらい；痛烈な；苦い	
□	□	812	ago	副(今から) 〜前に	
□	□	813	make	動を作る；〜を…にする；を生じさせる	
□	□	814	produce	動を生産する	
□	□	815	industry ⚠aではなくu	名産業；工業；勤勉	
□	□	816	bean	名豆	
□	□	817	soybean	名ダイズ	

こう。

Step3 単語を隠して書こう。

		単語	意味	**Step 2** つづりを確認しな
Step2 Step3	818	**ancient** ⚠ s ではなく c	形古代の	
	819	**historic**	形歴史上重要な	
	820	**modern** ⚠ r を忘れない	形現代の；現代的な	
	821	**believe**	動 (を) 信じる	
	822	**trust** ⚠ a ではなく u	名信頼；信用 動を信頼する	
	823	**credit**	名 (取引上の) 信用；評判	
	824	**promise**	名約束 動 (を) 約束する	
	825	**depend**	動頼る	
	826	**by**	前 によって；(手段・方法) で；のそばに〔で〕	
	827	**god**	名神	
	828	**heaven**	名天国	
	829	**wish**	動 (を) 望む 名願い	
	830	**hope**	動 (を) 望む 名希望	
	831	**expect**	動を予想する	
	832	**year**	名年；～歳	
	833	**country**	名国；(the) いなか	
	834	**nation** ⚠ ei ではなく a	名国家；国民	
	835	**international**	形国際的な	
	836	**city** ⚠ s ではなく c	名都市；市	

Step 3 単語を隠して書こう。

Step2	Step3		単語	意 味	**Step 2** つづりを確認しな
☐	☐	837	**citizen** ⚠ s ではなく c	图市民	
☐	☐	838	**town** ⚠ a ではなく o	图町	
☐	☐	839	**cup**	图カップ	
☐	☐	840	**problem**	图問題	
☐	☐	841	**sugar**	图砂糖	
☐	☐	842	**salt** ⚠ o ではなく a	图塩	
☐	☐	843	**Mr.** ⚠ピリオド (.) を忘れない	图（男性の姓名の前に つけて）〜さん	
☐	☐	844	**Ms.** ⚠ピリオド (.) を忘れない	图（女性の姓名の前に つけて）〜さん	
☐	☐	845	**Mrs.** ⚠ピリオド (.) を忘れない	图（既婚女性の姓名の 前につけて）〜さん	
☐	☐	846	**lady**	图ご婦人	
☐	☐	847	**gender**	图（社会的・文化的） 性（差）	
☐	☐	848	**generation**	图世代	
☐	☐	849	**pair**	图一対；ペア	
☐	☐	850	**group** ⚠ rou のつづりに注意	图集団；グループ	
☐	☐	851	**community** ⚠ m は 2 つ	图地域社会；共同体	
☐	☐	852	**host**	图（客をもてなす）主 人	
☐	☐	853	**guest** ⚠ ue のつづりに注意	图（招かれた）客	

Step 3 単語を隠して書こう。

☐ (1) 私の電話には問題がたくさんあった。

I had a lot of ＿＿＿＿＿＿＿＿ with my phone.

☐ (2) 私の願いがかなった。

My ＿＿＿＿＿ came true.

☐ (3) 私は2年前にアメリカへ行った。

I went to the U.S. two years ＿＿＿＿＿＿.

☐ (4) 私は今日寝坊した。

I woke up late ＿＿＿＿＿.

☐ (5) 私のおいたちはまだサンタクロースの存在を信じている。

My nephews still ＿＿＿＿＿＿＿ in Santa Claus.

☐ (6) あなたの町の人口はどのくらいですか。

What is the ＿＿＿＿＿＿＿ of your town?

☐ (7) スマートフォンに頼りすぎてはいけません。

Don't ＿＿＿＿＿＿ on your smartphone so much.

☐ (8) どういう意味ですか。

What do you ＿＿＿＿＿?

☐ (9) たくさんの人々が待っていた。

A lot of ＿＿＿＿＿＿ were waiting.

- -

解答　(1) problems　(2) wish　(3) ago　(4) today　(5) believe
(6) population　(7) depend　(8) mean　(9) people

れている場合は，その文字で始めること。

☐ ⑽ 私たちは今年多くのトマトを生産した。

We ＿＿＿＿＿＿＿ a lot of tomatoes this year.

☐ ⑾ あなたを信じています。

I t＿＿＿＿＿＿ you.

☐ ⑿ 私は小さな市に住んでいる。

I live in a small ＿＿＿＿＿＿.

☐ ⒀ あなたは何語を話しますか。

What ＿＿＿＿＿＿＿ do you speak?

☐ ⒁ 約束を守ってください。

Please keep your ＿＿＿＿＿＿＿.

☐ ⒂ このロボットはまるで人間のように見える。

This robot looks just like a ＿＿＿＿＿ being.

☐ ⒃ この単語はどのような意味ですか。

What does this ＿＿＿＿＿ mean?

☐ ⒄ ロシアは世界最大の国だ。

Russia is the largest ＿＿＿＿＿＿＿ in the world.

☐ ⒅ 彼は遅刻すると予想する。

I ＿＿＿＿＿＿＿ he will be late.

解 答 ⑽ produced ⑾ trust ⑿ city ⒀ language(s)
⒁ promise ⒂ human ⒃ word ⒄ country ⒅ expect

29 チョコレートの歴史(2)

Step 1 音声を聞いて，単語の発音を確認しよう。

Step2	Step3		単語	意味	**Step 2** つづりを確認しな
☐	☐	854	**century** ⚠ s ではなく c	图世紀	
☐	☐	855	**another** ⚠ na ではなく no	形もう1つ〔1人〕の 代もう1つ〔1人〕	
☐	☐	856	**learn**	動(を)学ぶ；(を)知る	
☐	☐	857	**absorb**	動を吸収する；を理解する；を夢中にさせる	
☐	☐	858	**knowledge** ⚠発音しない k に注意	图知識	
☐	☐	859	**bar**	图棒；板 動(人・ものの進行)を妨害する	
☐	☐	860	**stick**	图棒きれ 動を貼り付ける；を刺す	
☐	☐	861	**sticker**	图ステッカー；シール	
☐	☐	862	**since**	接…して以来；…だから 前〜以来	
☐	☐	863	**popular**	形人気のある；流行の	
☐	☐	864	**enjoy**	動を楽しむ	
☐	☐	865	**pleasure** ⚠ ea のつづりに注意	图楽しみ	
☐	☐	866	**joy**	图喜び	
☐	☐	867	**pity**	图哀れみ；残念なこと 動を気の毒に思う	
☐	☐	868	**disaster**	图災害；災難	
☐	☐	869	**without**	前〜なしに〔で〕	
☐	☐	870	**also**	副もまた	
☐	☐	871	**keep**	動を保つ	
☐	☐	872	**remain**	動依然…のままである；とどまる 图残り	

こう。	Step3 単語を隠して書こう。

Step2	Step3		単語	意味	Step 2 つづりを確認しなが
☐	☐	873	**preserve**	動を保存する；を維持する；を守る	
☐	☐	874	**main** ⚠ ei ではなく ai	形主要な	
☐	☐	875	**principal**	形主要な　名校長；主役	
☐	☐	876	**event**	名行事；できごと	
☐	☐	877	**party**	名パーティー	
☐	☐	878	**ceremony** ⚠ s ではなく c	名 (儀) 式；礼儀	
☐	☐	879	**celebrate** ⚠ s ではなく c	動 (特別な日・事) を祝う	
☐	☐	880	**festival**	名祭り	
☐	☐	881	**anniversary** ⚠ n は 2 つ	名 (毎年の) 記念日	
☐	☐	882	**gift**	名贈り物；才能	
☐	☐	883	**wedding** ⚠ d は 2 つ	名結婚式	
☐	☐	884	**marry** ⚠ r は 2 つ	動 (と) 結婚する	
☐	☐	885	**couple** ⚠ ou のつづりに注意	名男女の 1 組；1 対	
☐	☐	886	**Christmas** ⚠ t を忘れない	名クリスマス	
☐	☐	887	**birthday** ⚠ th のつづりに注意	名誕生日	
☐	☐	888	**birth** ⚠ th のつづりに注意	名誕生	
☐	☐	889	**charity** ⚠ ch のつづりに注意	名慈善 (心)；チャリティー	
☐	☐	890	**volunteer** ⚠ a ではなく u。e は 2 つ	名ボランティア；志願者	

Step 3 単語を隠して書こう。

☐ (1) あなたと一緒でなければ出発できません。

I can't leave ＿＿＿＿＿＿＿＿＿ you.

☐ (2) 私たちは古い建物を保存する必要がある。

We need to ＿＿＿＿＿＿＿＿＿ old buildings.

☐ (3) バナナをもう1本もらえますか。

Can I have ＿＿＿＿＿＿＿＿＿ banana?

☐ (4) 壁にこのポスターを貼るつもりだ。

I will ＿＿＿＿＿＿＿＿＿ this poster on the wall.

☐ (5) その計画は私の注意をすっかり引きつけた。

The project ＿＿＿＿＿＿＿＿＿ my attention.

☐ (6) 学校でたくさんの知識を得る人もいる。

Some gain a lot of ＿＿＿＿＿＿＿＿＿ in school.

☐ (7) あと10分遊びを続けよう。

Let's ＿＿＿＿＿＿＿＿＿ playing for ten more minutes.

☐ (8) 私たちは学校で英語を習っている。

We ＿＿＿＿＿＿＿＿＿ English at school.

☐ (9) 金属棒がドアの上に付いていた。

A metal ＿＿＿＿＿＿＿＿＿ was over the door.

- -

解答　(1) without　(2) preserve　(3) another　(4) stick　(5) absorbed
(6) knowledge　(7) keep　(8) learn　(9) bar

れている場合は，その文字で始めること。

☐ ⑽ ギリシャ旅行を楽しみましたか。

Did you _____ your trip to Greece?

☐ ⑾ 私の誕生日も 2 月だ。

My birthday is _____ in February.

☐ ⑿ 私は電話をなくしたので，電話をすることができない。

I can't call _____ I lost my phone.

☐ ⒀ ずっと友だちでいようね。

Let's _____ friends forever.

☐ ⒁ 今は 21 世紀だ。

This is the twenty-first _____.

☐ ⒂ それは残念です。

That's a _____.

☐ ⒃ それは主な目的ではない。

That's not the p _____ aim.

☐ ⒄ その旅行は災難だったよ。

The trip was a _____.

☐ ⒅ クリスマスは愛と喜びの季節である。

Christmas is a time of love and j _____.

解答 ⑽ enjoy ⑾ also ⑿ since ⒀ remain ⒁ century
⒂ pity ⒃ principal ⒄ disaster ⒅ joy

Step2	Step3		単語	意味	**Step 2** つづりを確認しな
☐	☐	891	when	腰 …する時に 副いつ	
☐	☐	892	traffic	名交通 (量)	
☐	☐	893	light ▲発音しない gh に注意	形明るい；軽い 名光	
☐	☐	894	bright ▲発音しない gh に注意	形輝いている；頭のよい	
☐	☐	895	ray	名光線	
☐	☐	896	candle	名ろうそく	
☐	☐	897	electric	形電気の	
☐	☐	898	dark	形暗い 名 (the) 暗やみ	
☐	☐	899	shadow	名影	
☐	☐	900	shade	名 (物) 陰；色合い	
☐	☐	901	common ▲m は2つ	形共通の；普通の	
☐	☐	902	ordinary	形普通の；ありふれた	
☐	☐	903	share	動を共有する 名分け前	
☐	☐	904	precious	形貴重な；(貴金属などが) 高価な	
☐	☐	905	jewelry ▲l を忘れない	名 (集合的に) 宝石	
☐	☐	906	diamond	名ダイヤモンド	
☐	☐	907	rule	名規則；支配 動 (を) 支配する	
☐	☐	908	custom ▲a ではなく u	名 (社会の) 慣習	
☐	☐	909	habit	名 (個人の) 習慣；くせ	

こう。

Step 3 単語を隠して書こう。

		単 語	意 味	**Step 2** つづりを確認しな
☐ ☐	910	**law** ⚠ u ではなく w	图法律；法則	
☐ ☐	911	**illegal** ⚠ l は2つ	形違法の	
☐ ☐	912	**court** ⚠ ou のつづりに注意	图法廷；裁判所〔官〕； (テニスなどの)コート	
☐ ☐	913	**political**	形政治 (上) の	
☐ ☐	914	**government** ⚠ vern の n を忘れない	图政府；政治	
☐ ☐	915	**organization**	图組織 (化)；団体	
☐ ☐	916	**system** ⚠ i ではなく y	图制度；体系	
☐ ☐	917	**color**	图色	
☐ ☐	918	**use**	動 (を) 使う　图使用	
☐ ☐	919	**usage**	图語法；使用 (法)	
☐ ☐	920	**handle**	動を取り扱う；を処理 する　图取っ手	
☐ ☐	921	**convenient**	形便利な	
☐ ☐	922	**comfortable**	形快適な	
☐ ☐	923	**uncomfortable** ⚠ an ではなく un	形心地よくない	
☐ ☐	924	**satisfy**	動を満足させる	
☐ ☐	925	**train**	图列車　動 (を) 訓練 する	
☐ ☐	926	**practice** ⚠ se ではなく ce	图練習；実践　動 (を) 練習する；実践する	
☐ ☐	927	**theory**	图理論	
☐ ☐	928	**drive**	動 (を) 運転する	

こう。

		単語	意味	**Step2** つづりを確認しな
☐ ☐	929	**ride**	動 (に) 乗る	
☐ ☐	930	**company** ⚠ con ではなく com	名会社；仲間	
☐ ☐	931	**white**	形白い　名白	
☐ ☐	932	**best**	形最もよい　副最もよく	
☐ ☐	933	**caution** ⚠ cou ではなく cau	名用心；警告　動 (に) 注意する	
☐ ☐	934	**advise**	動 (に) 忠告する	

Step4　次の日本文にあった英文になるように，空所に適切な語を入れよう。

☐　(1)「一生懸命勉強しなさいよ」と私は彼女に忠告した。

I _____ her, " You should study hard· "

☐　(2) あなたの新しいジャケットは何色ですか。

What _____ is your new jacket?

☐　(3) 外は明るい？

Is it _____ outside?

☐　(4) この部屋は暗すぎる。

This room is too _____ .

☐　(5) 今日はいつ暇ですか。

_____ are you free today?

- -

解答　(1) advised　(2) color　(3) light　(4) dark　(5) When

---

(6) それは政治上の判断だった。

It was a .... decision.

(7) 私の母は大きな会社で働いている。

My mother works for a large ....

(8) そのバスを使いますか。

Do you .... the bus?

(9) 科学者たちは新しい理論を生み出した。

The scientists produced a new ....

(10) 彼女には常識がなかった。

She had no .... sense.

解答 (6) political (7) company (8) use (9) theory (10) common

☐ **Step1** 🔊 音声を聞いて，単語の発音を確認しよう。

Step2	Step3		単語	意味	**Step2** つづりを確認しな～
☐	☐	935	**glass**	图 ガラス；グラス；(複) メガネ	
☐	☐	936	**sunglasses** ⚠ san ではなく sun	图 サングラス	
☐	☐	937	**front**	图 前部；正面	
☐	☐	938	**break** ⚠ ea のつづりに注意	動 を壊す；壊れる 图 休憩	
☐	☐	939	**escape**	動 逃げる；を免れる 图 脱出；逃避	
☐	☐	940	**station**	图 駅	
☐	☐	941	**just** ⚠ a ではなく u	副 ちょうど；まさに；たった今；ただ	
☐	☐	942	**fair**	形 妥当な；公平な；かなりの 图 見本市	
☐	☐	943	**unfair** ⚠ an ではなく un	形 不公平な	
☐	☐	944	**bike**	图 自転車	
☐	☐	945	**bicycle**	图 自転車	
☐	☐	946	**wheelchair**	图 車いす	
☐	☐	947	**wheel**	图 車輪；(通例 the)(自動車の) ハンドル	
☐	☐	948	**car**	图 自動車	
☐	☐	949	**taxi**	图 タクシー	
☐	☐	950	**truck**	图 トラック	
☐	☐	951	**bus** ⚠ a ではなく u	图 バス	
☐	☐	952	**underground**	图《英》(the) 地下 (鉄) 形 副 地下の〔に；で〕	
☐	☐	953	**ship**	图 船	

こう。

Step 3 単語を隠して書こう。

		単語	意味	Step2 つづりを確認しなが
Step2 Step3 ☐ ☐	954	**plane** ⚠ plain と間違えない	图飛行機	
☐ ☐	955	**rocket**	图ロケット	
☐ ☐	956	**license**	图免許 (証)	
☐ ☐	957	**automatic** ⚠最初は o ではなく au	形自動 (式) の	
☐ ☐	958	**accident** ⚠ c は 2 つ	图事故；偶然 (のできごと)	

Step4 次の日本文にあった英文になるように，空所に適切な語を入れよう。

☐ (1) その鳥は窓から逃げた。

The bird _____ through the window.

☐ (2) 学校の前で会いましょう。

Let's meet in _____ of the school.

☐ (3) 割れたガラスに気をつけなさい。

Be careful of the broken _____.

☐ (4) この結果は妥当ですか。

Is this result _____?

☐ (5) メガネを壊したの？

Did you _____ your glasses?

解答 (1) escaped (2) front (3) glass (4) fair (5) break

☐ ⑹ 私はたった今，目を覚ました。

I ＿＿＿＿＿ woke up.

☐ ⑺ 次の駅はみどりが丘です。

The next ＿＿＿＿＿ is Midorigaoka.

☐ ⑻ このルールは不公平だと思う。

I think this rule is ＿＿＿＿＿.

☐ ⑼ それはとてもすてきなサングラスだ。

Those are very nice ＿＿＿＿＿.

解答 ⑹ just ⑺ station ⑻ unfair ⑼ sunglasses

☐ **Step 1** ◀℥ 音声を聞いて，単語の発音を確認しよう。

Step2	Step3		単 語	意 味	**Step 2** つづりを確認しな
☐	☐	959	**bird**	图鳥	
☐	☐	960	**world**	图 (the) 世 界；(the) 世間	
☐	☐	961	**society**	图社会	
☐	☐	962	**global**	圏世界的な；全体的な	
☐	☐	963	**foreign** ▲発音しない g に注意	圏外国の	
☐	☐	964	**question**	图質問；問題点	
☐	☐	965	**questionnaire** ▲n は 2 つ	图アンケート	
☐	☐	966	**request**	图要望 動を頼む	
☐	☐	967	**solution**	图解決 (法)；解答	
☐	☐	968	**fix**	動を修理する；を固定する	
☐	☐	969	**if**	接もし…ならば	
☐	☐	970	**never** ▲b ではなく v	副これまで…したことがない；決して…ない	
☐	☐	971	**as**	前として 副同じくらい 接…なので	
☐	☐	972	**insect**	图昆虫	
☐	☐	973	**heavy**	圏重い；激しい	
☐	☐	974	**penny** ▲n は 2 つ	图(貨幣単位としての)ペニー；ペニー硬貨	
☐	☐	975	**sit**	動座る	
☐	☐	976	**seat** ▲ea に注意	图座席	
☐	☐	977	**grass**	图草	

こう。

Step3 単語を隠して書こう。

		単語	意味	**Step 2** つづりを確認しなが
Step2 Step3				
□ □	978	**fly**	動飛ぶ；飛行機で行く	
□ □	979	**jet**	名噴出；ジェット機	
□ □	980	**fry**	動を油でいためる	
□ □	981	**down** ⚠ u ではなく w	副下へ〔に〕 前の下 の方へ〔に〕	
□ □	982	**both** ⚠ th のつづりに注意	形両方の 代両方 副～も…も両方とも	
□ □	983	**forward**	副前方へ 形前方の	

Step 4 次の日本文にあった英文になるように，空所に適切な語を入れよう。

□ (1) ペンギンは飛べない。

Penguins can't ＿＿＿＿＿＿.

□ (2) 私は 3 つの外国語を話すことができる。

I can speak three ＿＿＿＿＿＿ languages.

□ (3) 二度とうそはつかない。

I will ＿＿＿＿＿ tell a lie again.

□ (4) 世界は広い。

The ＿＿＿＿＿ is a big place.

□ (5) これらのアプリは両方とも無料だ。

＿＿＿＿＿ of these apps are free.

- -

解答 (1) fly (2) foreign (3) never (4) world (5) Both

☐ (6) 何か質問はありますか。

Do you have any ＿＿＿＿＿＿＿ ?

☐ (7) ここに座っていいですよ。

You can ＿＿＿＿＿ down here.

☐ (8) 図書室はこの１つ下の階にある。

The library is one floor ＿＿＿＿＿ from here.

☐ (9) 私は平和な社会で暮らしたい。

I want to live in a peaceful ＿＿＿＿＿＿ .

☐ (10) いつでも要望を受け付けます。

I get ＿＿＿＿＿＿ all the time.

解答 (6) questions (7) sit (8) down (9) society (10) requests

□ **Step 1** 🔊 音声を聞いて，単語の発音を確認しよう。

Step2	Step3		単語	意味	**Step 2** つづりを確認しな
□	□	984	more	形より多くの 名より多くの人々 副もっと	
□	□	985	wing	名翼	
□	□	986	fast	副速く 形速い	
□	□	987	hurry ⚠ a ではなく u。r は 2 つ	動急ぐ 名急ぐ必要	
□	□	988	rush ⚠ a ではなく u	動急いで行く；を急いで送る	
□	□	989	speed	名速度	
□	□	990	slow	形(速度が)遅い	
□	□	991	hard	形難しい；硬い 副熱心に；激しく	
□	□	992	hardly	副ほとんど…ない	
□	□	993	strict	形厳格な	
□	□	994	travel	動(を)旅行する；行く 名旅行	
□	□	995	tour	名旅行	
□	□	996	journey ⚠ our のつづりに注意	名旅行	
□	□	997	distance	名距離；遠方	
□	□	998	range	名範囲 動(範囲)が及ぶ；並べる	
□	□	999	thousand	名(数字の)1,000 形1,000の	
□	□	1000	fall	動落ちる；倒れる 名秋	
□	□	1001	waterfall ⚠ o ではなく a。l は 2 つ	名滝	
□	□	1002	spring	名春；泉	

こう。

Step 3 単語を隠して書こう。

	Step2	Step3		単語	意味	**Step2** つづりを確認しな
	☐	☐	1003	**season** ⚠ ea に注意	图季節	_____
	☐	☐	1004	**per**	前につき	_____
	☐	☐	1005	**percent** ⚠ se ではなく ce	图パーセント	_____
	☐	☐	1006	**east**	图 (通例the) 東 形東 の 副東へ〔に〕	_____
	☐	☐	1007	**west**	图 (通例the) 西 形西 の 副西へ〔に〕	_____
	☐	☐	1008	**south** ⚠ a ではなく o	图 (通例the) 南 形南 の 副南へ〔に〕	_____
	☐	☐	1009	**north** ⚠ r を忘れない	图 (通例the) 北 形北 の 副北へ〔に〕	_____

Step4 次の日本文にあった英文になるように，空所に適切な語を入れよう。ただし語頭が与

☐ (1) 庭で大きな木が倒れた。

A big tree _____ in the yard.

☐ (2) 急いでください！ 電車はまもなく出発します。

Please _____！ The train leaves soon.

☐ (3) 北の島へ旅行しましょう。

Let's _____ to the north island.

☐ (4) もっとコーヒーをもらえますか。

Can I have _____ coffee?

☐ (5) この問題は難しすぎる。

This question is too _____.

- - - - - - - - - -

解答 (1) fell (2) hurry (3) travel (4) more (5) hard

...う。

...れている場合は，その文字で始めること。

□ (6) そんなに速く自転車で走ってはいけません！

Don't ride your bicycle so _____!

□ (7) どの季節が一番好きですか。

Which _____ do you like the best?

□ (8) 私は歩くのが遅い。

I'm a _____ walker.

□ (9) 彼はイタリアへ旅行をした。

He made a j_____ to Italy.

□ (10) 私は昨日はほとんど何も食べなかった。

I _____ ate anything yesterday.

解答　(6) fast　(7) season　(8) slow　(9) journey　(10) hardly

173

☐ **Step1** 🔊 音声を聞いて，単語の発音を確認しよう。

Step2	Step3		単語	意味	**Step2** つづりを確認しな∤
☐	☐	1010	**may** ⚠ ay のつづりに注意	動…かもしれない；… してもよい	
☐	☐	1011	**might** ⚠発音しない gh に注意	動(推量)…かもしれ ない	
☐	☐	1012	**maybe** ⚠ ay のつづりに注意	副たぶん	
☐	☐	1013	**perhaps**	副たぶん	
☐	☐	1014	**probably**	副たぶん	
☐	☐	1015	**shall**	助(疑問文)…しましょ うか；…だろう	
☐	☐	1016	**afraid**	形恐れて；心配して	
☐	☐	1017	**fear**	名恐れ；心配 動(を) 恐れる	
☐	☐	1018	**horror** ⚠ rro のつづりに注意	名恐怖	
☐	☐	1019	**ghost**	名幽霊	
☐	☐	1020	**nervous** ⚠ vous のつづりに注意	形不安な；神経質な； 神経の	
☐	☐	1021	**panic**	名パニック 動をうろ たえさせる；うろたえる	
☐	☐	1022	**fight** ⚠発音しない gh に注意	動(と)戦う 名戦い	
☐	☐	1023	**bomb** ⚠発音しない b に注意	名爆弾	
☐	☐	1024	**bill**	名請求書；法案；紙幣； (鳥の)くちばし	
☐	☐	1025	**most**	副最も 形たいていの； 最も多くの 名大部分	
☐	☐	1026	**beautiful** ⚠ eau のつづりに注意	形美しい	
☐	☐	1027	**angel** ⚠ en ではなく an	名天使	
☐	☐	1028	**handsome** ⚠発音しない d に注意	形(男性が)ハンサム な；立派な	

こう。

Step 3 単語を隠して書こう。

		単 語	意 味	**Step 2** つづりを確認しな
☐	1029	**name** ⚠ ei ではなく a	图名前 圗に名前をつける	

Step 4 次の日本文にあった英文になるように，空所に適切な語を入れよう。ただし語頭が与

☐ (1) クモが怖いですか。

Are you ＿＿＿＿＿＿ of spiders?

☐ (2) 誰が一番多く点を取りますか。

Who has the ＿＿＿＿＿ points?

☐ (3) 私はたぶんあなたと一緒に行くでしょう。

M＿＿＿＿ I'll go with you.

☐ (4) 彼女が森で迷ったのではないかと心配だ。

I ＿＿＿＿ she got lost in the forest.

☐ (5) あなたの名前〔ファーストネーム〕は何ですか。

What is your first ＿＿＿＿？

☐ (6) 彼はハンサムな若者だ。

He is a ＿＿＿＿＿ young man.

☐ (7) 私はパニックに陥った。

I fell into a ＿＿＿＿.

☐ (8) ここに座ってもいいですか。

＿＿＿＿ I sit down here?

- -

解答 (1) afraid (2) most (3) Maybe (4) fear (5) name
(6) handsome (7) panic (8) May

…れている場合は，その文字で始めること。

□ ⑼ 富士山は美しい山だ。

Mount Fuji is a _____ mountain.

□ ⑽ たぶんあとで晴れるだろう。

P_____ it will be sunny later.

□ ⑾ お姉さん〔妹〕とけんかをしないで！

Don't _____ with your sister!

□ ⑿ その夜私はホラー映画を観た。

I saw a _____ movie that night.

□ ⒀ 踊りましょうか。

_____ we dance?

□ ⒁ 息子さんのお役に立てるかもしれません。

I _____ be able to help your son.

□ ⒂ お勘定をお願いできますか。

Could I have the _____, please?

□ ⒃ 私は野球の試合が不安だ。

I'm n_____ about the baseball game.

解答 ⑼ beautiful ⑽ Perhaps〔Probably〕 ⑾ fight
⑿ horror ⒀ Shall ⒁ might〔may〕 ⒂ bill ⒃ nervous

177

☐ **Step1** 🔊 音声を聞いて，単語の発音を確認しよう。

Step2 Step3		単 語	意 味	**Step2** つづりを確認しな〜
☐ ☐	1030	smile	動ほほえむ 名ほほえみ	
☐ ☐	1031	laugh ⚠ gh のつづりに注意	動笑う 名笑い (声)	
☐ ☐	1032	friend ⚠発音しないi に注意	名友だち	
☐ ☐	1033	neighbor ⚠発音しない gh に注意	名隣人	
☐ ☐	1034	chat	名おしゃべり 動おしゃべりする	
☐ ☐	1035	enemy ⚠2つ目の e に注意	名敵 (軍)	
☐ ☐	1036	show	動 (に) 〜を見せる〔案内する〕；を示す	
☐ ☐	1037	lead ⚠ ea のつづりに注意	動を導く；を案内する；通じる	
☐ ☐	1038	suggest ⚠ a ではなく u	動を提案する；をそれとなく言う	
☐ ☐	1039	offer ⚠ f は2つ	動を提供する；を申し出る 名提供；申し出	
☐ ☐	1040	apply ⚠ p は2つ	動を適用する；(心など) を向ける	
☐ ☐	1041	describe	動を言い表す；を描く；を説明する	
☐ ☐	1042	display	名展示；装飾；表現 動を展示する	
☐ ☐	1043	exhibition ⚠ h を忘れない	名展示 (会)；(才能などの) 発揮	
☐ ☐	1044	every	形あらゆる；どの〜も；毎〜	
☐ ☐	1045	everything	代すべてのこと	
☐ ☐	1046	everyday	形毎日の；日常の	
☐ ☐	1047	everybody	代誰でも (みな)	
☐ ☐	1048	adult ⚠ da ではなく du	名大人 形成人の	

こう。 | **Step3** 単語を隠して書こう。

Step2	Step3		単語	意味	**Step 2** つづりを確認しなが
☐	☐	1049	**usually** ⚠ l は2つ	副 たいてい	
☐	☐	1050	**unusual** ⚠ an ではなく un	形 普通でない	
☐	☐	1051	**lot**	名 たくさん	
☐	☐	1052	**plenty**	名 たくさん (of)	
☐	☐	1053	**power**	名 (能)力；権力	
☐	☐	1054	**force** ⚠ s ではなく c	動 ～に無理やり…させる 名 (暴)力	
☐	☐	1055	**energy** ⚠ r を忘れない	名 エネルギー；活力	
☐	☐	1056	**fuel**	名 燃料	
☐	☐	1057	**oil**	名 石油；油	
☐	☐	1058	**battery** ⚠ t は2つ	名 電池；バッテリー	
☐	☐	1059	**story**	名 話；(建物の)階	
☐	☐	1060	**novel** ⚠ b ではなく v	名 小説 形 斬新な	
☐	☐	1061	**fairy**	名 妖精	
☐	☐	1062	**sick**	形 病気の	
☐	☐	1063	**ill**	形 病気の	
☐	☐	1064	**disease** ⚠ ea のつづりに注意	名 病気	
☐	☐	1065	**hospital**	名 病院	
☐	☐	1066	**appointment** ⚠ p は2つ	名 (面会・診察などの)約束	
☐	☐	1067	**difficult** ⚠ f は2つ	形 難しい	

Step2	Step3		単語	意味	**Step2** つづりを確認しな〜
☐	☐	1068	because	接 …なので	
☐	☐	1069	doctor	名 医者；博士	
☐	☐	1070	nurse ⚠ ur のつづりに注意	名 看護師	
☐	☐	1071	dentist	名 歯科医	
☐	☐	1072	operate	動 を操作する；動く；作用する；手術する	
☐	☐	1073	patient ⚠ tie のつづりに注意	名 患者　形 忍耐強い	
☐	☐	1074	cure	動 を治療する　名 治療	

Step4 次の日本文にあった英文になるように，空所に適切な語を入れよう。ただし語頭が与

☐ (1) 彼女は私に助けを申し出た。

She _____ to help me.

☐ (2) すべてのことを話してください。

Please tell me _____.

☐ (3) 私に写真を見せてもらえますか。

Can you _____ me a picture?

☐ (4) この問題は難しい。

This question is _____.

☐ (5) 私の姉〔妹〕は看護師だ。

My sister is a _____.

- -

解答 (1) offered　(2) everything　(3) show　(4) difficult　(5) nurse

れている場合は，その文字で始めること。

☐ (6) 私は彼女のジョークに笑った。

I ＿＿＿＿＿＿＿ at her joke.

☐ (7) 甘いので私はチョコレートが好きだ。

I like chocolate ＿＿＿＿＿＿＿ it is sweet.

☐ (8) 私はたいてい朝お茶を飲む。

I ＿＿＿＿＿＿＿ drink tea in the morning.

☐ (9) 昨日は具合が悪かったのですか。

Were you i ＿＿＿＿＿ yesterday?

☐ (10) 私は野球カードをたくさん持っている。

I have a ＿＿＿＿＿ of baseball cards.

解答 (6) laughed　(7) because　(8) usually　(9) ill　(10) lot

□ **Step1** 🔊 音声を聞いて，単語の発音を確認しよう。

Step2	Step3		単語	意味	**Step2** つづりを確認しな
□	□	1075	**read** ⚠ ea のつづりに注意	動(を)読む；読書する	
□	□	1076	**literature**	名文学；文献	
□	□	1077	**culture**	名文化	
□	□	1078	**tradition**	名伝統	
□	□	1079	**book**	名本 動を予約する	
□	□	1080	**shelf**	名棚	
□	□	1081	**text**	名本文；原文	
□	□	1082	**context**	名背景；(文章の)前後関係	
□	□	1083	**editor**	名編集者	
□	□	1084	**library**	名図書館	
□	□	1085	**comic**	名マンガ本 形喜劇の	
□	□	1086	**cartoon**	名風刺マンガ；アニメ	
□	□	1087	**publish** ⚠ a ではなく u	動を出版する；を発表する	
□	□	1088	**reservation**	名予約	
□	□	1089	**happy**	形うれしい；幸せな	
□	□	1090	**unhappy** ⚠ an ではなく un	形不幸な	
□	□	1091	**lucky** ⚠ a ではなく u	形幸運な	
□	□	1092	**chance**	名見込み；機会	
□	□	1093	**opportunity** ⚠ p は2つ。r を忘れない	名機会	

こう。

Step 3 単語を隠して書こう。

		単 語	意 味	**Step2** つづりを確認しな
☐ ☐	1094	**occasion** ▲cは2つ	图場合;(特別な)行事;機会	
☐ ☐	1095	**funny** ▲nは2つ	形おかしい;奇妙な	
☐ ☐	1096	**better** ▲tは2つ	形よりよい 副よりよく	
☐ ☐	1097	**improve** ▲nではなくm	動を改良する;よくなる	
☐ ☐	1098	**month** ▲aではなくo	图(1カ)月	
☐ ☐	1099	**work** ▲aではなくo	動働く;を勉強する 图仕事;勉強;作品	
☐ ☐	1100	**workplace** ▲aではなくo	图仕事場	
☐ ☐	1101	**housework**	图家事	
☐ ☐	1102	**clerk**	图事務員;店員	
☐ ☐	1103	**happen**	動起こる	
☐ ☐	1104	**occur** ▲cは2つ。aではなくu	動起こる;(考えなどが)(ふと)浮かぶ(to)	
☐ ☐	1105	**leisure** ▲iを忘れない	图余暇	
☐ ☐	1106	**hiking**	图ハイキング	
☐ ☐	1107	**hike**	動ハイキングする	
☐ ☐	1108	**camp** ▲nではなくm	图キャンプ 動キャンプする	
☐ ☐	1109	**campaign** ▲発音しないgに注意	图キャンペーン	
☐ ☐	1110	**amusement**	图楽しみ;おもしろさ;娯楽	
☐ ☐	1111	**circus** ▲sではなくc	图サーカス	
☐ ☐	1112	**cinema** ▲sではなくc	图映画	

			単語	意味	Step2 つづりを確認しな
☐	☐	1113	**film**	图映画；フィルム	
☐	☐	1114	**screen**	图画面	
☐	☐	1115	**ticket** ▲ c を忘れない	图チケット；切符	
☐	☐	1116	**TV** ▲大文字にする	图テレビ	
☐	☐	1117	**video**	图ビデオ	
☐	☐	1118	**drama**	图劇；ドラマ	
☐	☐	1119	**animation**	图アニメーション；活発	
☐	☐	1120	**fan**	图 (有名人などの) ファン；うちわ	
☐	☐	1121	**entertainment** ▲ tain の n を忘れない	图娯楽	
☐	☐	1122	**quiz**	图クイズ	
☐	☐	1123	**competition** ▲ con ではなく com	图競争 (相手)；競技会	
☐	☐	1124	**architect** ▲ chi のつづりに注意	图建築家	
☐	☐	1125	**carpenter**	图大工	
☐	☐	1126	**designer** ▲発音しない g に注意	图設計者〔デザイナー〕	
☐	☐	1127	**engineer** ▲最後の e は 2 つ	图エンジニア；技師	
☐	☐	1128	**bakery**	图パン屋	
☐	☐	1129	**guide** ▲ ui のつづりに注意	图案内人；案内書 動を案内する；を指導する	
☐	☐	1130	**journalist** ▲ our のつづりに注意	图ジャーナリスト	
☐	☐	1131	**model**	图モデル；模型；手本	

			単語	意味	**Step2** つづりを確認しな〜
Step2	Step3				
☐	☐	1132	**pilot**	图パイロット	
☐	☐	1133	**police** ⚠ s ではなく c	图警察	
☐	☐	1134	**priest**	图聖職者；僧侶	
☐	☐	1135	**vet**	图獣医	
☐	☐	1136	**interviewer** ⚠ view のつづりに注意	图面接官	
☐	☐	1137	**interview** ⚠ view のつづりに注意	图面接；会見 動と面接する	
☐	☐	1138	**secretary**	图秘書	
☐	☐	1139	**secret**	形秘密の 图秘密	
☐	☐	1140	**private**	形個人の；内密の；民間の	
☐	☐	1141	**career**	图職業；経歴	
☐	☐	1142	**dream**	图夢 動夢を見る	
☐	☐	1143	**market**	图市場；市場	
☐	☐	1144	**service** ⚠最後は ce	图サービス；奉仕	
☐	☐	1145	**boss**	图上司；雇用主；社長	
☐	☐	1146	**staff** ⚠ f は 2 つ	图 (集合的に) 職員	
☐	☐	1147	**stuff** ⚠ a ではなく u。f は 2 つ	图もの；題材；材料 動を詰め込む	
☐	☐	1148	**position**	图立場；位置；状況；姿勢	
☐	☐	1149	**board**	图委員会；会議；板 動 (に) 搭乗する	
☐	☐	1150	**committee** ⚠ m, t, e は 2 つずつ	图委員会；(全) 委員	

Step 3 単語を隠して書こう。

			単語	意味	**Step 2** つづりを確認しな
Step2	Step3				
☐	☐	1151	**council** ⚠ 2つ目の c に注意	图（地方自治体の）議会；会議	
☐	☐	1152	**title**	图タイトル；作品；肩書き	
☐	☐	1153	**paragraph** ⚠ f ではなく ph	图段落	
☐	☐	1154	**sentence** ⚠ 最後は ce	图文	
☐	☐	1155	**chapter**	图章	
☐	☐	1156	**script**	图（演劇などの）台本；スクリプト	
☐	☐	1157	**column** ⚠ 発音しない n に注意	图コラム記事；円柱	
☐	☐	1158	**summary** ⚠ m は 2つ	图要約	
☐	☐	1159	**fiction**	图小説；作り話	
☐	☐	1160	**essay**	图エッセー；（学生に課される）レポート	
☐	☐	1161	**poem**	图（1編の）詩	
☐	☐	1162	**poet**	图詩人	
☐	☐	1163	**author** ⚠ 最初は o ではなく au	图著者；作者	
☐	☐	1164	**bookstore**	图書店	
☐	☐	1165	**guidebook** ⚠ ui のつづりに注意	图ガイドブック	
☐	☐	1166	**leaflet** ⚠ ea のつづりに注意	图ビラ；ちらし広告	
☐	☐	1167	**magazine**	图雑誌	
☐	☐	1168	**paper**	图紙；新聞	
☐	☐	1169	**fold**	動を折りたたむ；（手足など）を組む	

Step3 単語を隠して書こう。

☐ (1) あなたはテニスよりサッカーの方が得意ですね。

You are _____ at soccer than tennis.

☐ (2) この本を一緒に読みましょう。

Let's _____ this book together.

☐ (3) 我がチームには試合に勝つチャンスがある。

Our team has a c_____ to win the game.

☐ (4) あなたに何が起こったのですか。

What _____ to you?

☐ (5) 私は英語を上達させたい。

I want to _____ my English.

☐ (6) 出発する前に何か家事をするつもりだ。

I'll do some _____ before I leave.

☐ (7) 私は文学を研究したい。

I want to study _____.

☐ (8) あなたはとても幸運ですね！

You are so _____!

☐ (9) 本を棚に置きなさい。

Put the book on the _____.

解答 (1) better (2) read (3) chance (4) happened (5) improve
(6) housework (7) literature (8) lucky (9) shelf

れている場合は，その文字で始めること。

☐ ⑽ 私はあなた方の文化について学んでいます。

I'm learning about your ＿＿＿＿＿＿＿＿.

☐ ⑾ 今日は幸せな気分だ。

I feel ＿＿＿＿＿ today.

☐ ⑿ あなたの誕生日は何月ですか。

Which ＿＿＿＿＿ is your birthday in?

☐ ⒀ 図書室は2階にある。

The ＿＿＿＿＿＿ is on the second floor.

☐ ⒁ あなたのお母さんはどこで働いていますか。

Where does your mother ＿＿＿＿＿?

☐ ⒂ そのマンガはおもしろいですか。

Is that ＿＿＿＿＿ funny?

☐ ⒃ そのホテルを予約したい。

I'd like to ＿＿＿＿＿ the hotel.

☐ ⒄ 私たちにはたくさんのおもしろい伝統がある。

We have many interesting ＿＿＿＿＿＿.

☐ ⒅ うれしくなさそうに見えます。どうしたのですか。

You look ＿＿＿＿＿＿. What's wrong?

解答 ⑽ culture ⑾ happy ⑿ month ⒀ library ⒁ work
⒂ comic ⒃ book ⒄ traditions ⒅ unhappy

37 笑いと健康(3)

Step 1 🔊 音声を聞いて、単語の発音を確認しよう。

Step2	Step3		単 語	意 味	**Step 2** つづりを確認しなが
☐	☐	1170	**cell** ⚠ s ではなく c。l は 2 つ	图細胞；電池	
☐	☐	1171	**gene**	图遺伝子	
☐	☐	1172	**bad**	形悪い；下手な	
☐	☐	1173	**worse**	形より悪い 副より悪く	
☐	☐	1174	**worst**	图形最悪(の) 副最も悪く	
☐	☐	1175	**born**	動 (be born で) 生まれる	
☐	☐	1176	**billion** ⚠ l は 2 つ	图(数字の)10億 形10億の	
☐	☐	1177	**million** ⚠ l は 2 つ	图(数字の)100万 形100万の	
☐	☐	1178	**always**	副いつも	
☐	☐	1179	**rarely**	副めったに…(し)ない	
☐	☐	1180	**experiment**	图実験 動実験する	
☐	☐	1181	**experience**	图経験 動を経験する	
☐	☐	1182	**laboratory**	图研究室；実験室	
☐	☐	1183	**active**	形活動的な；積極的な	
☐	☐	1184	**shy**	形内気な	
☐	☐	1185	**tired**	形疲れた；あきた	
☐	☐	1186	**theater**	图劇場	
☐	☐	1187	**check** ⚠ 2 つ目の c を忘れない	動を調べる；を阻止する 图点検；請求書	
☐	☐	1188	**mark**	图印；(成績の)点 動に印をつける	

こう。 | **Step 3** 単語を隠して書こう。

Step2	Step3		単語	意味	**Step2** つづりを確認しなが
☐	☐	1189	**account** ⚠ c は 2 つ	動説明する；原因となる；占める 图口座	
☐	☐	1190	**person**	图人	

Step4 次の日本文にあった英文になるように，空所に適切な語を入れよう。ただし語頭が与

☐ (1) バスの時間を調べましょう。

Let's ＿＿＿＿＿ the bus times.

☐ (2) あなたはいつ生まれましたか。

When were you ＿＿＿＿＿?

☐ (3) 体育のあとは疲れている。

I'm ＿＿＿＿＿ after P.E. class.

☐ (4) あなたはいつも冗談を言っています。

You are ＿＿＿＿＿ joking around.

☐ (5) どちらの方が悪いですか。

Which one is ＿＿＿＿＿?

☐ (6) コウモリは夜，活動的になる。

Bats are ＿＿＿＿＿ at night.

☐ (7) あの人を知っていますか。

Do you know that ＿＿＿＿＿?

- -

解答 (1) check (2) born (3) tired (4) always (5) worse
(6) active (7) person

198

れている場合は，その文字で始めること。

☐ (8) 私たちは昨日おもしろい経験をした。

We had an interesting ＿＿＿＿＿＿ yesterday.

☐ (9) 紙のここに印をつけてください。

Please m＿＿＿ the paper here.

☐ (10) 劇場の前で会いましょう。

Let's meet in front of the ＿＿＿＿＿＿.

☐ (11) 悪くない考えだ。

That's not a ＿＿＿＿ idea.

☐ (12) およそ1億2,700万人が日本に住んでいる。

About 127 ＿＿＿＿＿＿ people live in Japan.

☐ (13) 私は祖父母にめったに会わない。

I ＿＿＿＿＿＿ meet my grandparents.

☐ (14) 私は最悪の状況に備えた。

I prepared for the ＿＿＿＿ situation.

解答 (8) experience (9) mark (10) theater (11) bad (12) million
(13) rarely (14) worst

□ **Step1** ◀€ 音声を聞いて，単語の発音を確認しよう。

Step2	Step3		単語	意味	**Step2** つづりを確認しな
□	□	1191	**mind**	图心；精神 動(を)気にする	
□	□	1192	**remind**	動に思い出させる	
□	□	1193	**spirit**	图精神；心；気性；霊魂	
□	□	1194	**behavior**	图行動；態度	
□	□	1195	**attitude** ⚠最初の t は 2 つ	图態度；考え方(toward)	
□	□	1196	**attention** ⚠最初の t は 2 つ	图注意；注目	
□	□	1197	**situation**	图状況	
□	□	1198	**important** ⚠in ではなく im	形重要な	
□	□	1199	**import** ⚠in ではなく im	動を輸入する 图輸入(品)	
□	□	1200	**serious**	形重大な；まじめな	
□	□	1201	**valuable**	形価値の高い 图(復)貴重品	
□	□	1202	**example** ⚠n ではなく m	图例；模範	
□	□	1203	**sample** ⚠n ではなく m	图見本；サンプル	
□	□	1204	**sport**	图スポーツ；運動	
□	□	1205	**Olympic** ⚠i ではなく y	形オリンピック大会〔競技〕の	
□	□	1206	**against**	前に反対して；にぶつかって	
□	□	1207	**strong**	形強い	
□	□	1208	**tight** ⚠発音しない gh に注意	形きつい；きびしい	
□	□	1209	**brave**	形勇敢な	

こう。

Step 3 単語を隠して書こう。

Step2	Step3		単語	意味	**Step2** つづりを確認しなが
☐	☐	**1210**	weak	形弱い	

Step4 次の日本文にあった英文になるように，空所に適切な語を入れよう。

☐ (1) あなたはとても強いですね。それは重かったのに。

You are very _____. It was heavy.

☐ (2) 今日のテストは一番重要だ。

Today's test is the most _____ one.

☐ (3) スキーは私の大好きなスポーツだ。

Skiing is my favorite _____.

☐ (4) 私の弟は私より弱い。

My little brother is _____ than I am.

☐ (5) あとで私に思い出させてください。

Please _____ me later.

☐ (6) 例を見せていただけますか。

Can you show me an _____?

☐ (7) 彼女は喫煙には大反対だ。

She is strongly _____ smoking.

☐ (8) 私たちは重大な過ちを犯した。

We made a _____ mistake.

解答 (1) strong (2) important (3) sport (4) weaker (5) remind
(6) example (7) against (8) serious

| Step3 単語を隠して書こう。

□ (9) 心で何を思っていますか。

What do you have in _____?

□ (10) これは難しい状況だ。

This is a difficult _____.

□ (11) その子供の振る舞いは無礼だった。

The child's _____ was rude.

□ (12) こちらにご注目ください。

Could I have your _____, please?

□ (13) 彼は前向きな態度をとっている。

He has a positive _____.

□ (14) 私たちはブラジルからコーヒーを輸入する。

We _____ coffee from Brazil.

□ (15) このシャツはきつすぎる。

This shirt is too _____.

□ (16) この指輪はとても高価だ。

This ring is very _____.

解答 (9) mind (10) situation (11) behavior (12) attention
(13) attitude (14) import (15) tight (16) valuable

Step2	Step3		単 語	意 味	**Step 2** つづりを確認しな▸
☐	☐	1211	win	動 (に) 勝つ；(賞など) を勝ち取る	
☐	☐	1212	award	名賞 (金)　動 (審査して) を授与する	
☐	☐	1213	prize	名賞	
☐	☐	1214	glory	名栄光	
☐	☐	1215	succeed ⚠ c, e は2つずつ	動成功する (in)；のあとを継ぐ	
☐	☐	1216	life	名生命；生活；人生	
☐	☐	1217	lifestyle	名ライフスタイル；生活様式	
☐	☐	1218	hometown	名故郷	
☐	☐	1219	sometimes ⚠ a ではなく o	副時々	

Step 4 次の日本文にあった英文になるように，空所に適切な語を入れよう。ただし語頭が与

☐ (1) 時々バスは遅れて来る。

_____ the bus comes late.

☐ (2) もっと一生懸命やれば成功するだろう。

We will _____ if we try harder.

☐ (3) その科学者はその論文で最優秀賞をとった。

The scientist won the top a_____ for the paper.

☐ (4) あなたの故郷はどこですか。

Where is your _____ ?

解答 (1) Sometimes (2) succeed (3) award (4) hometown

	Step3 単語を隠して書こう。

れている場合は，その文字で始めること。

☐ (5) 私はコンテストで賞を取った。

I won a _____ in a contest.

☐ (6) 私は自分のライフスタイルを変えたい。

I want to change my _____.

☐ (7) 私たちのチームは試合に勝った。

Our team _____ the match.

☐ (8) あなたは人生を楽しむべきです。

You should enjoy _____.

解答 (5) prize (6) lifestyle (7) won (8) life

☐ **Step 1** ◀€ 音声を聞いて，単語の発音を確認しよう。

Step2	Step3		単 語	意 味	**Step 2** つづりを確認しな
☐	☐	1220	**average**	形平均的な 名平均	
☐	☐	1221	**medium**	名(伝達・表現の)手段；媒体 形中間の	
☐	☐	1222	**spend**	動(お金)を使う；(時間)を過ごす	
☐	☐	1223	**waste**	動を無駄に使う 名浪費；ごみ	
☐	☐	1224	**true**	形本当の；真実の	
☐	☐	1225	**else**	副その他に	
☐	☐	1226	**result** ▲a ではなく u	名結果	
☐	☐	1227	**cause**	名原因；理由 動を引き起こす	
☐	☐	1228	**score**	名(試合・試験の)得点；楽譜 動(を)得点する	
☐	☐	1229	**interesting**	形興味深い	
☐	☐	1230	**boring**	形退屈な	
☐	☐	1231	**bored**	形退屈した	
☐	☐	1232	**survey** ▲ur に注意。b ではなく v	名調査；概観 動を調査する	
☐	☐	1233	**measure** ▲ea のつづりに注意	名対策；基準 動を測る；を評価する	
☐	☐	1234	**means**	名手段；財産	
☐	☐	1235	**method** ▲th のつづりに注意	名方法	

こう。 | **Step3** 単語を隠して書こう。

☐ (1) 壊れたライターが火事を引き起こした。

A broken lighter ＿＿＿＿＿＿＿ the fire.

☐ (2) 今日私はお金を使い過ぎた。

I s＿＿＿＿ too much money today.

☐ (3) この授業に退屈していますか。

Are you ＿＿＿＿＿ of this lesson?

☐ (4) ライアンは平均的なランナーだ。

Ryan is an ＿＿＿＿＿ runner.

☐ (5) それは値段が高すぎます。他に何かありますか。

That's too expensive. Do you have something ＿＿＿＿＿?

☐ (6) このロープを測ってください。

Please ＿＿＿＿＿ this rope for me.

☐ (7) この絵は最も興味深い絵だ。

This picture is the most ＿＿＿＿＿ one.

解答　(1) caused　(2) spent　(3) bored　(4) average
(5) else　(6) measure　(7) interesting

れている場合は，その文字で始めること。

☐ (8) 食べ物を無駄にするべきではない。

We shouldn't ＿＿＿＿＿＿ food.

☐ (9) その授業は退屈ですか。

Is that class ＿＿＿＿＿＿ ?

☐ (10) 中か大，どちらがいいですか。

Which would you like, ＿＿＿＿＿＿ or large?

☐ (11) この調査に回答してくれますか。

Can you answer this ＿＿＿＿＿＿ ?

☐ (12) これは実話ですか。

Is this a ＿＿＿＿＿＿ story?

☐ (13) テストで何点を取りましたか。

What did you ＿＿＿＿＿＿ on the test?

☐ (14) こちらがテストの結果です。

Here is the ＿＿＿＿＿＿ of the test.

解答 (8) waste (9) boring (10) medium (11) survey (12) true
(13) score (14) result

☐ **Step 1** ◀€ 音声を聞いて，単語の発音を確認しよう。

Step2	Step3		単語	意味	**Step 2** つづりを確認しな〜
☐	☐	1236	**during**	前の間に	
☐	☐	1237	**will**	助…だろう；…するつもりだ	
☐	☐	1238	**health** ⚠ ea のつづりに注意	图健康	
☐	☐	1239	**enough** ⚠ gh のつづりに注意	形十分な　副十分に	
☐	☐	1240	**such** ⚠ a ではなく u	形そのような	
☐	☐	1241	**lose**	動を失う；(試合などに)負ける	
☐	☐	1242	**miss**	動に乗りそこなう；をのがす	
☐	☐	1243	**fail**	動失敗する	
☐	☐	1244	**often** ⚠ t を忘れない	副よく；しばしば	
☐	☐	1245	**money** ⚠ a ではなく o	图お金	
☐	☐	1246	**cash**	图現金 (硬貨と紙幣)	
☐	☐	1247	**coin**	图硬貨；コイン	
☐	☐	1248	**tip**	图先 (端)；チップ；秘訣	
☐	☐	1249	**fee**	图 (参加・入場の) 料金；(専門職への) 謝礼	
☐	☐	1250	**yen**	图 (金額の) 円	
☐	☐	1251	**cent** ⚠ s ではなく c	图セント	
☐	☐	1252	**dollar**	图ドル	
☐	☐	1253	**euro** ⚠ eu のつづりに注意	图ユーロ	
☐	☐	1254	**pound**	图ポンド	

こう。

Step 3 単語を隠して書こう。

		単語	意味	**Step2** つづりを確認しな
☐ ☐	1255	**pay**	動 (代金など)(を)支払う	
☐ ☐	1256	**earn**	動 (金・名声など)を得る;をもたらす	
☐ ☐	1257	**treasure** ⚠ a を忘れない	名 宝物;貴重品 動 を大事にする	
☐ ☐	1258	**table**	名 テーブル	
☐ ☐	1259	**bag**	名 袋;かばん	
☐ ☐	1260	**package**	名 包み;パッケージ	
☐ ☐	1261	**suitcase**	名 スーツケース	
☐ ☐	1262	**purse** ⚠ ur のつづりに注意	名 財布;ハンドバッグ	
☐ ☐	1263	**shock** ⚠ k ではなく ck	動 にショックを与える 名 衝撃	
☐ ☐	1264	**scare**	動 を怖がらせる;怖がる	
☐ ☐	1265	**shake**	動 を振る;揺れる	
☐ ☐	1266	**earthquake**	名 地震	
☐ ☐	1267	**emergency**	名 緊急事態	
☐ ☐	1268	**ambulance**	名 救急車	
☐ ☐	1269	**condition**	名 体調;状態;条件	
☐ ☐	1270	**fever**	名 (身体の)熱;熱狂	
☐ ☐	1271	**pain**	名 痛み	
☐ ☐	1272	**suffer** ⚠ a ではなく u。f は 2 つ	動 苦しむ (from);害を受ける	
☐ ☐	1273	**cancer** ⚠ k ではなく c	名 がん	

Step3 単語を隠して書こう。

Step2 Step3		単語	意味	**Step 2** つづりを確認しな
☐ ☐	1274	**chemical** ⚠ ch のつづりに注意	图化学製品〔物質〕 形化学の；化学的な	
☐ ☐	1275	**chemistry** ⚠ ch のつづりに注意	图化学	
☐ ☐	1276	**smoke**	图煙；喫煙 動 (タバコを) 吸う	
☐ ☐	1277	**fat**	形太っている 图脂肪 (分)	
☐ ☐	1278	**protein**	图タンパク質	
☐ ☐	1279	**vitamin**	图ビタミン	
☐ ☐	1280	**pen**	图ペン	
☐ ☐	1281	**pencil** ⚠ s ではなく c	图鉛筆	
☐ ☐	1282	**scissors** ⚠ c を忘れない	图はさみ	
☐ ☐	1283	**stapler**	图 (商標) ホッチキス	
☐ ☐	1284	**eraser**	图消しゴム	
☐ ☐	1285	**glue**	图接着剤；のり	
☐ ☐	1286	**ink**	图インク	
☐ ☐	1287	**tube**	图管；チューブ；(the) (ロンドンの) 地下鉄	
☐ ☐	1288	**string**	图ひも；糸	
☐ ☐	1289	**rope**	图なわ	
☐ ☐	1290	**trap**	图わな	
☐ ☐	1291	**drill**	图ドリル；穴あけ機；反復練習	
☐ ☐	1292	**bulb** ⚠ a ではなく u	图電球；球根	

こう。

Step2 Step3		単語	意味	**Step 2** つづりを確認しな
☐ ☐	1293	**balloon** ⚠ l, o は2つずつ	图風船	
☐ ☐	1294	**material**	图原料；資料；物質 形物質の；肉体 (上) の	
☐ ☐	1295	**tool**	图道具；手段	
☐ ☐	1296	**equipment**	图装備；備品	

Step 4 次の日本文にあった英文になるように，空所に適切な語を入れよう。

☐ (1) 昨日の台風は怖かった。

The typhoon yesterday _____ me.

☐ (2) それでは十分でないかもしれないよ。

That might not be _____.

☐ (3) よく日本語を勉強しますか。

Do you _____ study Japanese?

☐ (4) 私は数学の授業中居眠りをした。

I fell asleep _____ math class.

☐ (5) テーブルが少し揺れている。

The table is _____ a little.

☐ (6) 私たちは最終列車に乗りそこなった。

We _____ the last train.

- - - - - - - - - - - - - - - - -

解答 (1) scared (2) enough (3) often (4) during (5) shaking
(6) missed

☐ (7) 明日は雨が降るだろう。

It _____ rain tomorrow.

☐ (8) 私はそれを聞いてショックを受けた。

I was _____ to hear that.

☐ (9) 私たちは一生懸命がんばったが失敗した。

We tried hard, but we _____.

☐ (10) あなたの健康がとても大切です。

Your _____ is very important.

☐ (11) 私は電車でスマートフォンをなくした。

I _____ my smartphone on the train.

☐ (12) そんなことを言わないで！

Don't say _____ a thing!

解答 (7) will (8) shocked (9) failed (10) health (11) lost (12) such

☐ **Step 1** 🔈 音声を聞いて，単語の発音を確認しよう。

Step2 Step3		単 語	意 味	**Step 2** つづりを確認しなか
☐ ☐	1297	**search** ⚠ ea に注意	图捜査；追求 　動捜す (for)	
☐ ☐	1298	**research**	图研究；調査 動 (を) 研究する	
☐ ☐	1299	**researcher**	图研究者	
☐ ☐	1300	**graph** ⚠ f ではなく ph	图グラフ	
☐ ☐	1301	**geography** ⚠ f ではなく ph	图地理 (学)；地形	
☐ ☐	1302	**chart**	图図 (表)；海図	
☐ ☐	1303	**cellphone** ⚠ l は 2 つ	图携帯電話	
☐ ☐	1304	**need**	動を必要とする 图必要 (性)	
☐ ☐	1305	**necessary** ⚠ s は 2 つ	形必要な	
☐ ☐	1306	**China** ⚠地名の最初は大文字	图中国	
☐ ☐	1307	**Korea**	图朝鮮；韓国	
☐ ☐	1308	**India**	图インド	
☐ ☐	1309	**Asia**	图アジア	
☐ ☐	1310	**Singapore**	图シンガポール	
☐ ☐	1311	**Canada**	图カナダ	
☐ ☐	1312	**America**	图アメリカ	
☐ ☐	1313	**U.S.**	图 (the) アメリカ合衆国	
☐ ☐	1314	**New York**	图ニューヨーク	
☐ ☐	1315	**Washington D.C.**	图ワシントン D.C.	

こう。 | **Step3** 単語を隠して書こう。

		単 語	意 味	**Step2** つづりを確認しな
☐ ☐	1316	**Mexico** ⚠ xi のつづりに注意	图メキシコ	
☐ ☐	1317	**Brazil**	图ブラジル	
☐ ☐	1318	**Africa**	图アフリカ	
☐ ☐	1319	**Australia**	图オーストラリア	
☐ ☐	1320	**Sydney** ⚠ Si ではなく Sy	图シドニー	
☐ ☐	1321	**New Zealand**	图ニュージーランド	
☐ ☐	1322	**Russia**	图ロシア	
☐ ☐	1323	**Britain**	图イギリス	
☐ ☐	1324	**U.K.**	图 (the) 英国	
☐ ☐	1325	**London**	图ロンドン	
☐ ☐	1326	**Germany**	图ドイツ	
☐ ☐	1327	**France**	图フランス	
☐ ☐	1328	**Paris** ⚠最後の s を忘れない	图パリ	
☐ ☐	1329	**Spain**	图スペイン	
☐ ☐	1330	**Italy**	图イタリア	
☐ ☐	1331	**Europe**	图ヨーロッパ	
☐ ☐	1332	**flag**	图旗	

Step 3 単語を隠して書こう。

☐ (1) この新しい研究は興味深い。

This new _____ is interesting.

☐ (2) まず電話する必要がありますか。

Is it _____ to call first?

☐ (3) 地理は理科のあとだ。

_____ class comes after Science.

☐ (4) 私は私のイヌを捜している。

I'm _____ for my dog.

☐ (5) これは今年の気温のグラフだ。

This is a _____ of the temperatures this year.

解答 (1) research (2) necessary (3) Geography (4) searching
(5) graph

(6) 私の姉〔妹〕は医学研究者だ。

My sister is a medical _____.

(7) 何か食べるものが必要だ。

I _____ something to eat.

(8) 彼女はしばしば携帯電話で私たちと話します。

She often talks to us on her _____.

(9) この図表のデータを見なさい。

Look at the data on this _____.

ゴールが見えて
きたよ！

0   500   1000   1500   2000

解答　(6) researcher　(7) need　(8) cellphone　(9) chart

223

☐ **Step1** 🔊 音声を聞いて，単語の発音を確認しよう。

Step2	Step3		単語	意味	**Step2** つづりを確認しな...
☐	☐	1333	**photographer** ⚠ f ではなく ph	图写真家	
☐	☐	1334	**photo** ⚠ f ではなく ph	图写真	
☐	☐	1335	**visit**	動 (を) 訪問する 图訪問	
☐	☐	1336	**trip**	图旅行	
☐	☐	1337	**place** ⚠ se ではなく ce	图場所 動を置く	
☐	☐	1338	**replace**	動に取って代わる；を 取り替える	
☐	☐	1339	**area**	图地域；分野	
☐	☐	1340	**zone**	图地帯；区域	
☐	☐	1341	**section**	图部分；区分；階層；(本 などの) 節	
☐	☐	1342	**region**	图地域	
☐	☐	1343	**picture**	图絵；写真	
☐	☐	1344	**drawing** ⚠ o ではなく a	图絵；デッサン	
☐	☐	1345	**outline**	图概略 動の要点を言う	
☐	☐	1346	**republic** ⚠ a ではなく u	图共和国	
☐	☐	1347	**public** ⚠ a ではなく u	形公 (共) の	
☐	☐	1348	**museum** ⚠ am ではなく um	图博物館；美術館	
☐	☐	1349	**collect** ⚠ l は2つ	動を集める	
☐	☐	1350	**desert**	图砂漠 動を捨てる	
☐	☐	1351	**dessert** ⚠ s は2つ	图デザート	

こう。

Step3 単語を隠して書こう。

Step2	Step3		単語	意味	**Step 2** つづりを確認しな
☐	☐	1352	**sand**	图砂	
☐	☐	1353	**tree**	图木	
☐	☐	1354	**wood**	图木材；森	
☐	☐	1355	**root**	图根；根拠；源	
☐	☐	1356	**seed**	图種	
☐	☐	1357	**leaf** ⚠ ea のつづりに注意	图 (草木の) 葉	
☐	☐	1358	**maple**	图カエデ	
☐	☐	1359	**bamboo** ⚠ n ではなく m。o は 2 つ	图竹	
☐	☐	1360	**rose**	图バラ	
☐	☐	1361	**lily**	图ユリ	
☐	☐	1362	**moss**	图コケ	
☐	☐	1363	**seaweed** ⚠ sea に注意	图海草	
☐	☐	1364	**nature** ⚠ ei ではなく a	图自然；性質	

こう。

227

☐ (1) この場所は私のお気に入りだ。

This ＿＿＿＿＿＿ is my favorite.

☐ (2) 私は優秀な写真家になりたい。

I want to be a good ＿＿＿＿＿＿＿＿.

☐ (3) ケーキかアイスクリーム，どちらのデザートになさいますか。

Which ＿＿＿＿＿＿ would you like, cake or ice cream?

☐ (4) フランスからの生徒が数人私たちを訪問した。

Some students from France ＿＿＿＿＿＿ us.

☐ (5) その計画の概要を見せて。

Show me the ＿＿＿＿＿＿ of the plan.

☐ (6) 印刷用インクを交換してくれますか。

Can you ＿＿＿＿＿＿ the printing ink for me?

☐ (7) その白い砂は美しい。

The white ＿＿＿＿＿＿ is beautiful.

☐ (8) あなたと写真を撮っていいですか。

Can I take a ＿＿＿＿＿＿ with you?

解答　(1) place　(2) photographer　(3) dessert　(4) visited
(5) outline　(6) replace　(7) sand　(8) picture〔photo〕

れている場合は，その文字で始めること。

☐ ⑼ 私たちは病気の子供たちを助けるためにお金を集めた。

We ＿＿＿＿＿＿ money to help sick children.

☐ ⑽ たくさんの興味深い動物が砂漠にすんでいる。

Lots of interesting animals live in the ＿＿＿＿.

☐ ⑾ 写真を撮りましょうか。

Shall we take a ＿＿＿＿？

☐ ⑿ 私たちは山へ旅行に行くところだ。

We're taking a ＿＿＿＿ to the mountains.

☐ ⒀ 私たちは火曜日に博物館へ行った。

We went to a ＿＿＿＿ on Tuesday.

☐ ⒁ これは公営の公園だ。

This is a ＿＿＿＿ park.

☐ ⒂ あなたの絵を私に見せてくれますか。

Can you show me your d＿＿＿＿？

☐ ⒃ 私はこの地域には住んでいない。

I don't live in this a＿＿＿＿.

解答 ⑼ collected ⑽ desert ⑾ photo〔picture〕 ⑿ trip
⒀ museum ⒁ public ⒂ drawing ⒃ area

□ **Step1** 🔊 音声を聞いて，単語の発音を確認しよう。

Step2 Step3		単語	意味	**Step2** つづりを確認しな
□ □	1365	**early**	副早く　形早い	
□ □	1366	**fog**	名霧	
□ □	1367	**hit**	動を打つ；(に) ぶつかる；に命中する	
□ □	1368	**target**	名的まと；到達目標　動を標的とする	
□ □	1369	**crush**　⚠a ではなく u	動を押しつぶす；つぶれる　名混雑	
□ □	1370	**hurt**　⚠a ではなく u	動を傷つける；痛む	
□ □	1371	**injure**	動にけがをさせる	
□ □	1372	**ruin**	名破滅；複遺跡　動を台なしにする	
□ □	1373	**protect**	動を保護する	
□ □	1374	**drop**	動落ちる；を落とす　名しずく；落下	
□ □	1375	**reduce**　⚠se ではなく ce	動を減らす	
□ □	1376	**decrease**	動減少する；を減らす　名減少	
□ □	1377	**increase**	動増える；を増やす　名増加	
□ □	1378	**mount**	動に登る〔乗る〕；に取りかかる；増える	
□ □	1379	**mountain**　⚠tain のつづりに注意	名山	

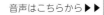
こう。

Step 3 単語を隠して書こう。

☐ (1) 地球を保護するよう努めましょう。

Let's try to _____ the earth.

☐ (2) 私は今日早く起きた。

I got up _____ today.

☐ (3) ごみの量を減らすよう努力しましょう。

Let's try to d_____ the amount of garbage.

☐ (4) けがをしましたか。

Did you h_____ yourself?

☐ (5) 富士山は日本一高い山です。

Mt. Fuji is the highest _____ in Japan.

☐ (6) 私は野球のボールを強く打った。

I _____ the baseball hard.

☐ (7) 私は脚をけがした。

I've i_____ my leg.

解答 (1) protect (2) early (3) decrease (4) hurt (5) mountain
(6) hit (7) injured

れている場合は，その文字で始めること。

□ ⑻ 霧が濃くなってきている。

The _____ is getting thick.

□ ⑼ 彼は自転車に乗った。

He _____ a bicycle.

□ ⑽ 気をつけて！　ケーキを落とさないで！

Be careful!　Don't _____ the cake!

□ ⑾ 私はコーヒーをこぼして宿題を台なしにした。

I spilt my coffee and _____ my homework.

□ ⑿ 私はよく的を外す。

I often miss the _____.

□ ⒀ この地域への観光客数が増えている。

The number of tourists to this area is i _____.

□ ⒁ これらのクッキーをつぶしてボウルに入れなさい。

_____ these cookies and put them in the bowl.

解答　⑻ fog　⑼ mounted　⑽ drop　⑾ ruined　⑿ target
⒀ increasing　⒁ Crush

☐ **Step 1** 🔊 音声を聞いて，単語の発音を確認しよう。

Step2	Step3		単語	意味	**Step 2** つづりを確認しなが
☐	☐	1380	**next**	形次の；隣の 副次に	
☐	☐	1381	**high** ⚠発音しない gh に注意	形高い　副高く	
☐	☐	1382	**tall** ⚠o ではなく a。l は 2 つ	形背が高い	
☐	☐	1383	**sister**	名姉妹；姉；妹	
☐	☐	1384	**send**	動 (に) ～を送る	
☐	☐	1385	**e-mail** ⚠ei ではなく ai	名電子メール　動 (に) 電子メールを送る	
☐	☐	1386	**mail** ⚠ei ではなく ai	名郵便 (物)　動を郵 送する	
☐	☐	1387	**letter** ⚠t は 2 つ	名手紙；文字	
☐	☐	1388	**dear**	形親愛なる　名愛する 人	

Step 4 次の日本文にあった英文になるように，空所に適切な語を入れよう。

☐ (1) 郵便はもう来ましたか。

Did the ＿＿＿＿＿ come yet?

☐ (2) あなたのお父さんはとても背が高いですね。

Your father is very ＿＿＿＿＿.

☐ (3) E メールで連絡をください。

Please contact me by ＿＿＿＿＿.

☐ (4) ヒロは隣の家に住んでいる。

Hiro lives in the ＿＿＿＿＿ house.

- -

解答　(1) mail　(2) tall　(3) e-mail　(4) next

...う。	**Step3** 単語を隠して書こう。

☐ (5) あれはあなたのお姉〔妹〕さんの写真ですか。

Is that a picture of your _____?

☐ (6) いつか私に手紙を送ってください。

Please send me a _____ sometime.

☐ (7) あなたにEメールを送ります。

I'll _____ you an e-mail.

☐ (8) あなたはとても高くとぶことができます。

You can jump very _____.

解答 (5) sister (6) letter (7) send (8) high

☐ **Step 1** 🔊 音声を聞いて，単語の発音を確認しよう。

Step2	Step3		単 語	意 味	**Step 2** つづりを確認しな
☐	☐	1389	**brother** ⚠ a ではなく o	图兄弟；兄；弟	
☐	☐	1390	**mother** ⚠ a ではなく o	图母 (親)	
☐	☐	1391	**mom** ⚠ a ではなく o	图お母さん；ママ	
☐	☐	1392	**mommy**	图ママ；お母さん	
☐	☐	1393	**grandmother** ⚠ ma ではなく mo	图祖母	
☐	☐	1394	**grandma**	图おばあちゃん	
☐	☐	1395	**granny** ⚠ n は 2 つ	图おばあちゃん	
☐	☐	1396	**website**	图ウェブサイト	
☐	☐	1397	**web**	图 (the W-) ウェブ(イ ンターネット)；クモの巣	
☐	☐	1398	**site**	图敷地；跡地；(イン ターネット) サイト	
☐	☐	1399	**sight** ⚠発音しない gh に注意	图光景；視界	
☐	☐	1400	**Internet** ⚠最初は大文字	图 (the) インターネッ ト	
☐	☐	1401	**download**	動 (を) ダウンロード する 图ダウンロード	
☐	☐	1402	**part**	图部分；役割	
☐	☐	1403	**piece** ⚠ ie のつづりに注意	图1 個 〔切れ；枚〕	
☐	☐	1404	**role**	图役割	
☐	☐	1405	**participate** ⚠ si ではなく ci	動参加する (in)	
☐	☐	1406	**build** ⚠ u を忘れない	動を建てる	
☐	☐	1407	**factory**	图工場	

こう。

Step3 単語を隠して書こう。

Step2	Step3		単語	意味	**Step 2** つづりを確認しな
☐	☐	1408	plant	图植物；工場 動を植える	
☐	☐	1409	structure	图構造；建物	
☐	☐	1410	composition ▲con ではなく com	图構成；(音楽などの) 作品；作文	
☐	☐	1411	computer ▲n ではなく m	图コンピューター	
☐	☐	1412	digital ▲de ではなく di	形デジタル (式) の	
☐	☐	1413	technology ▲k ではなく ch	图科学技術	
☐	☐	1414	robot	图ロボット	
☐	☐	1415	IT	图情報技術	
☐	☐	1416	device ▲s ではなく c	图装置；デバイス；工夫	
☐	☐	1417	machine ▲chi のつづりに注意	图機械	
☐	☐	1418	password ▲s は 2 つ	图パスワード	
☐	☐	1419	online	形オンラインの 副オンラインで	
☐	☐	1420	file	图 (書類などの) ファイル；記録	
☐	☐	1421	print	動を印刷する；を出版する 图印刷 (物)	
☐	☐	1422	copy	图写し；(同じ本・新聞などの) 1 部	
☐	☐	1423	CD	图CD	
☐	☐	1424	DVD	图DVD	
☐	☐	1425	church ▲a ではなく u	图教会	
☐	☐	1426	bell	图鐘；ベル	

う。

		単語	意味	Step 2 つづりを確認しな〜
☐ ☐	1427	shrine	图神社	
☐ ☐	1428	temple ⚠ n ではなく m	图寺院；神殿	
☐ ☐	1429	palace ⚠ se ではなく ce	图宮殿	
☐ ☐	1430	hall	图会館；玄関	
☐ ☐	1431	bridge ⚠ d を忘れない	图橋	
☐ ☐	1432	statue ⚠最後の e を忘れない	图像	
☐ ☐	1433	dam	图ダム	
☐ ☐	1434	tower ⚠ a ではなく o	图塔；タワー	
☐ ☐	1435	tunnel	图トンネル	
☐ ☐	1436	post office	图郵便局	
☐ ☐	1437	post	图郵便 (制度)；地位； 柱 動を投函する	
☐ ☐	1438	poster	图ポスター	
☐ ☐	1439	hang	動をつるす；をかける； さまよう	
☐ ☐	1440	department store	图デパート (百貨店)	
☐ ☐	1441	supermarket	图スーパーマーケット	
☐ ☐	1442	apartment	图《米》アパート	
☐ ☐	1443	sink	图シンク (台所の流し) 動沈む；を沈める	
☐ ☐	1444	bathroom	图浴室；トイレ	
☐ ☐	1445	bath	图入浴；ふろ	

		単語	意味	Step 2 つづりを確認しな
☐ ☐	1446	bedroom	图寝室	
☐ ☐	1447	entrance	图入口；入学；入場	
☐ ☐	1448	floor	图床；(建物の)階	
☐ ☐	1449	stair	图階段	
☐ ☐	1450	toilet	图トイレ	
☐ ☐	1451	tile	图タイル	
☐ ☐	1452	metal	图金属	
☐ ☐	1453	elevator	图エレベーター	
☐ ☐	1454	escalator	图エスカレーター	
☐ ☐	1455	exit	图出口	
☐ ☐	1456	gate	图門	
☐ ☐	1457	key ⚠ ey のつづりに注意	图鍵	
☐ ☐	1458	garage	图(車の)ガレージ；車庫	
☐ ☐	1459	repair	動を修理する　图修理	

こう。

Step 4　次の日本文にあった英文になるように, 空所に適切な語を入れよう。ただし語頭が与

☐ (1) 彼女は劇で役を演じる予定だ。

She will play a p＿＿＿＿＿＿＿ in the play.

☐ (2) あなたのおばあさんは何歳ですか。

How old is your ＿＿＿＿＿＿＿＿＿？

☐ (3) 私たちはたくさんの美しい光景を見た。

We saw a lot of beautiful ＿＿＿＿＿＿＿.

☐ (4) その島にはたくさんの種類の植物と動物がいる。

There are many kinds of ＿＿＿＿＿ and animals on the island.

☐ (5) 私の作文を読んでくださいますか。

Could you please read my ＿＿＿＿＿＿？

☐ (6) 私たちの学校は新しいウェブサイトを持っている。

Our school has a new w＿＿＿＿＿＿.

☐ (7) あなたは試合に参加しますか。

Will you ＿＿＿＿＿＿＿ in the game?

☐ (8) 兄弟か姉妹はいますか。

Do you have any ＿＿＿＿＿＿＿ or sisters?

☐ (9) 私たちは工場見学に行った。

We went on a f＿＿＿＿＿＿ tour.

解答　(1) part　(2) grandmother〔grandma；granny〕　(3) sights
(4) plants　(5) composition　(6) website
(7) participate　(8) brothers　(9) factory

れている場合は，その文字で始めること。

☐ (10) 彼はウェブデザインを勉強している。

He is studying _____ design.

☐ (11) 昨日新しいアプリをダウンロードした。

I _____ a new app yesterday.

☐ (12) それは高い建物だ。

It's a tall s _____ .

☐ (13) あなたのお母さんの名前は何ですか。

What is your _____ name?

☐ (14) ここでの先生の役割は何ですか。

What is the teacher's r _____ here?

☐ (15) 私たちはこの敷地に家を建てる予定だ。

We will build a house on this _____ .

☐ (16) ケーキを一切れいかがですか。

Would you like a _____ of cake?

☐ (17) インターネットで調べよう。

Let's check the _____ .

☐ (18) 私の弟が砂の城を作った。

My little brother _____ a sand castle.

解答　(10) web　(11) downloaded　(12) structure
(13) mother's 〔mom's ; mommy's〕　(14) role　(15) site　(16) piece
(17) Internet　(18) built

☐ **Step1** 🔊 音声を聞いて，単語の発音を確認しよう。

			単 語	意 味	**Step2** つづりを確認しなが
Step2	Step3				
☐	☐	1460	finish	動(を)終える；終わる 名終わり	_____
☐	☐	1461	large	形大きい	_____
☐	☐	1462	tank	名タンク；戦車	_____
☐	☐	1463	child	名子供	_____
☐	☐	1464	kid	名子供　動冗談を言う	_____
☐	☐	1465	kindergarten ▲ den ではなく ten	名幼稚園	_____
☐	☐	1466	carry	動を運ぶ；を持ち歩く	_____
☐	☐	1467	deliver	動を配達する；(伝言)を伝える	_____
☐	☐	1468	transportation	名輸送機関；運送；乗り物	_____
☐	☐	1469	thing	名こと〔もの〕	_____
☐	☐	1470	uncle	名おじ	_____
☐	☐	1471	aunt	名おば	_____
☐	☐	1472	cousin ▲ ou のつづりに注意	名いとこ	_____
☐	☐	1473	nephew ▲ f ではなく ph	名おい	_____
☐	☐	1474	niece ▲ ie のつづりに注意	名めい	_____
☐	☐	1475	environment ▲ ron の n を忘れない	名環境	_____
☐	☐	1476	garbage ▲ r を忘れない	名(生)ごみ	_____
☐	☐	1477	trash	名ごみ	_____
☐	☐	1478	pollution ▲ l は 2 つ	名汚染；公害	_____

こう。	**Step3** 単語を隠して書こう。

		単 語	意 味	Step 2 つづりを確認しな
☐ ☐	1479	**plastic**	图形 プラスチック〔ビニール〕（（製）の）	
☐ ☐	1480	**greenhouse**	图 温室	
☐ ☐	1481	**recycle** ⚠ i ではなく y	動 （を）再生利用する	
☐ ☐	1482	**acid rain** ⚠ si ではなく ci	图 酸性雨	
☐ ☐	1483	**global warming** ⚠ wo ではなく wa	图 地球温暖化	

Step 4 次の日本文にあった英文になるように，空所に適切な語を入れよう。ただし語頭が与

☐ ⑴ 子供が庭で泣いている。

A c＿＿＿＿＿ is crying in the yard.

☐ ⑵ 彼らは私たちの家まで食べ物を配達するでしょう。

They will ＿＿＿＿＿＿＿ the food to our house.

☐ ⑶ 大きい（サイズの）コーラをもらえますか。

Can I have a ＿＿＿＿＿ cola?

☐ ⑷ これは私のお気に入りのものだ。

This is my favorite ＿＿＿＿＿.

☐ ⑸ 私のクラスには 25 人の子供がいる。

There are 25 k＿＿＿＿＿ in my class.

解答 ⑴ child ⑵ deliver ⑶ large ⑷ thing ⑸ kids

れている場合は，その文字で始めること。

☐ ⑹ 彼は魚の水槽を持っています。

He has a fish ＿＿＿＿＿＿.

☐ ⑺ 私の父は運送会社で働いている。

My father works for a t ＿＿＿＿＿＿ company.

☐ ⑻ 私は 10 分前に掃除を終えた。

I ＿＿＿＿＿＿ cleaning ten minutes ago.

☐ ⑼ 多くの子供たちがバスに乗り幼稚園に行く。

Many children take the bus to ＿＿＿＿＿＿.

☐ ⑽ 私は彼女の本を家に運んだ。

I c ＿＿＿＿＿＿ her books home for her.

解答　⑹ tank　⑺ transportation　⑻ finished　⑼ kindergarten
⑽ carried

☐ **Step 1** ◀≦ 音声を聞いて，単語の発音を確認しよう。

Step2	Step3		単 語	意 味	**Step 2** つづりを確認しなが
☐	☐	1484	**golfer**	名ゴルフをする人	
☐	☐	1485	**golf**	名ゴルフ 動ゴルフをする	
☐	☐	1486	**shot**	名発射；銃声；(テニス・ゴルフ) ショット	
☐	☐	1487	**bother** ⚠ th のつづりに注意	動を困らせる；心配する；わざわざ…する	
☐	☐	1488	**trouble**	名困ること；問題点 動を困らせる	
☐	☐	1489	**upset**	動を動揺させる 形取り乱して	
☐	☐	1490	**confuse**	動を当惑させる；を混同する	
☐	☐	1491	**concern**	動に関係する；を心配させる 名関係；関心	
☐	☐	1492	**matter** ⚠ t は 2 つ	名問題；事柄 動重要〔問題〕である	
☐	☐	1493	**tournament**	名トーナメント	
☐	☐	1494	**introduce** ⚠ se ではなく ce	動を紹介する	
☐	☐	1495	**refer**	動言及する；参照する；関連がある	
☐	☐	1496	**philosophy** ⚠ f ではなく ph	名哲学；人生観	
☐	☐	1497	**focus**	動の焦点を合わせる；を集中させる 名焦点	
☐	☐	1498	**concentrate**	動集中〔専念〕する；を集中させる	
☐	☐	1449	**moment**	名瞬間	
☐	☐	1500	**block**	名 (市街地の) 区画；積木 動をふさぐ	
☐	☐	1501	**brick**	名れんが	
☐	☐	1502	**crowd**	名群衆；(the) 大衆 動 (に) 群がる	

こう。

Step3 単語を隠して書こう。

		単語	意味	Step2 つづりを確認しな
☐ ☐	1503	**gather**	動を集める；集まる	
☐ ☐	1504	**stress**	名ストレス；圧迫	
☐ ☐	1505	**relax**	動をくつろがせる；くつろぐ	
☐ ☐	1506	**atmosphere**	名 (the) 大気；雰囲気	
☐ ☐	1507	**create**	動を創造する	
☐ ☐	1508	**invent** ▲ b ではなく v	動を発明する	
☐ ☐	1509	**while**	接…する間に；…の一方で 名しばらくの間	
☐ ☐	1510	**son** ▲ a ではなく o	名息子	
☐ ☐	1511	**daughter** ▲発音しない gh に注意	名娘	
☐ ☐	1512	**cough** ▲ gh のつづりに注意	動せきをする 名せき	
☐ ☐	1513	**mental**	形精神的な；知能の	
☐ ☐	1514	**number** ▲ a ではなく u	名数；番号 動に番号をつける；に達する	
☐ ☐	1515	**count**	動 (を)数える；重要である 名計算	
☐ ☐	1516	**amount**	名総額；量 動総計〜に達する；等しい	
☐ ☐	1517	**add** ▲ d は2つ	動を加える	
☐ ☐	1518	**zero**	名0〔ゼロ〕 形ゼロの	
☐ ☐	1519	**one**	名1 形1個〔人〕の；ある〜	
☐ ☐	1520	**first**	形1番目の；最初の 副最初に 名最初	
☐ ☐	1521	**once** ▲ se ではなく ce	副1度；かつて	

Step 3 単語を隠して書こう。

Step2	Step3		単語	意味	**Step 2** つづりを確認しな…
☐	☐	1522	ever	副かつて；今までに	
☐	☐	1523	several	形いくつかの	
☐	☐	1524	single	形ただ1つの	
☐	☐	1525	two	名2 形2個〔人〕の	
☐	☐	1526	second	形2番目の 名2番目；秒	
☐	☐	1527	twice ⚠ se ではなく ce	副2度；2倍	
☐	☐	1528	double	形2倍の 動倍増する 名ダブル	
☐	☐	1529	three	名3 形3個〔人〕の	
☐	☐	1530	third	名形3番目(の)	
☐	☐	1531	four	名4 形4個〔人〕の	
☐	☐	1532	fourth	名形4番目(の)	
☐	☐	1533	quarter	名4分の1；地域	
☐	☐	1534	five	名5 形5個〔人〕の	
☐	☐	1535	fifth	名形5番目(の)	
☐	☐	1536	six	名6 形6個〔人〕の	
☐	☐	1537	sixth	名形6番目(の)	
☐	☐	1538	seven	名7 形7個〔人〕の	
☐	☐	1539	seventh	名形7番目(の)	
☐	☐	1540	eight ⚠発音しない gh に注意	名8 形8個〔人〕の	

		単語	意味	**Step 2** つづりを確認しな
☐	☐	1541	**eighth** ⚠発音しない gh に注意	名形8番目 (の)	
☐	☐	1542	**nine**	名9 形9個〔人〕の	
☐	☐	1543	**ninth** ⚠ nine ではなく nin	名形9番目 (の)	
☐	☐	1544	**ten**	名10 形10個〔人〕の	
☐	☐	1545	**tenth**	名形10番目の (の)	
☐	☐	1546	**teen**	名10代	
☐	☐	1547	**teenage**	形10代の	
☐	☐	1548	**eleven**	名11 形11個〔人〕の	
☐	☐	1549	**eleventh**	名形11番目 (の)	
☐	☐	1550	**twelve**	名12 形12個〔人〕の	
☐	☐	1551	**twelfth** ⚠ ve ではなく f	名形12番目 (の)	
☐	☐	1552	**thirteen**	名13 形13個〔人〕の	
☐	☐	1553	**thirteenth**	名形13番目 (の)	
☐	☐	1554	**fourteen**	名14 形14個〔人〕の	
☐	☐	1555	**fourteenth**	名形14番目 (の)	
☐	☐	1556	**fifteen**	名15 形15個〔人〕の	
☐	☐	1557	**fifteenth**	名形15番目 (の)	
☐	☐	1558	**sixteen**	名16 形16個〔人〕の	
☐	☐	1559	**seventeen**	名17 形17個〔人〕の	

		単 語	意 味	**Step 2** つづりを確認しな
□ □	1560	**eighteen** ⚠発音しない gh に注意	图18 形18個〔人〕の	
□ □	1561	**nineteen**	图19 形19個〔人〕の	
□ □	1562	**twenty**	图20 形20個〔人〕の	
□ □	1563	**twentieth** ⚠ tie のつづりに注意	图形20番目 (の)	
□ □	1564	**thirty**	图30 形30個〔人〕の	
□ □	1565	**thirtieth** ⚠ tie のつづりに注意	图形30番目 (の)	
□ □	1566	**forty**	图40 形40個〔人〕の	
□ □	1567	**fifty**	图50 形50個〔人〕の	
□ □	1568	**sixty**	图60 形60個〔人〕の	
□ □	1569	**seventy**	图70 形70個〔人〕の	
□ □	1570	**eighty** ⚠発音しない gh に注意	图80 形80個〔人〕の	
□ □	1571	**ninety**	图90 形90個〔人〕の	

Step 3 単語を隠して書こう。

☐ (1) あなたの電話番号は何ですか。

What is your telephone ＿＿＿＿＿＿＿＿＿＿＿？

☐ (2) 私の仕事は私にストレスを与える。

My job gives me ＿＿＿＿＿＿＿＿＿.

☐ (3) 私はこの数学の問題に苦労している。

I'm having ＿＿＿＿＿＿＿＿ with this math question.

☐ (4) 私の代わりにお金を数えていただけますか。

Could you ＿＿＿＿＿＿ the money for me?

☐ (5) 私たちを紹介してくれませんか。

Can you ＿＿＿＿＿＿＿ us?

☐ (6) 誰がこの道具を発明したのですか。

Who ＿＿＿＿＿＿＿ this instrument?

☐ (7) 彼女はせきをした。

She ＿＿＿＿＿＿＿.

☐ (8) そのニュースは今朝私を動揺させた。

The news ＿＿＿＿＿＿＿ me this morning.

解答 (1) number (2) stress (3) trouble (4) count (5) introduce
(6) invented (7) coughed (8) upset

れている場合は，その文字で始めること。

(9) 彼女の娘は私の近くに住んでいる。

Her _____ lives near me.

(10) 少々お待ちください。

Please wait a m _____ .

(11) ペットの飼い主の多くは , 心の健康がよりよい状態だ。

Many pet owners have better _____ health.

(12) 私の趣味はコンピューターゲームを創作することだ。

My hobby is _____ computer games.

(13) 私がこの靴を買う間ここで待っていてください。

Please wait here _____ I buy these shoes.

(14) 彼には軍隊にいる息子がいる。

He has a _____ in the army.

(15) どうしましたか。

What is the _____ ?

(16) 大勢の観衆がその歌手を待っていた。

A large _____ waited for the singer.

解答　(9) daughter　(10) moment　(11) mental　(12) creating
(13) while　(14) son　(15) matter　(16) crowd

□ **Step1** 🔊 音声を聞いて，単語の発音を確認しよう。

Step2	Step3		単語	意味	**Step2** つづりを確認しなが
□	□	1572	**ice**	图氷	
□	□	1573	**control**	働を管理〔支配〕する 图管理；支配	
□	□	1574	**direct**	形直接の；まっすぐな 働を向ける	
□	□	1575	**regular**	形規則的な；通常の	
□	□	1576	**pattern** ⚠ t は 2 つ	图様式；模様	
□	□	1577	**record**	働を記録〔録音〕する 图記録	
□	□	1578	**diary**	图日記	
□	□	1579	**Arctic** ⚠最初は大文字	形北極 (地方) の 图 (the) 北極地方	
□	□	1580	**Antarctic** ⚠最初は大文字	形南極 (地方) の 图 (the) 南極地方	
□	□	1581	**great** ⚠ ea のつづりに注意	形偉大な；大きい	
□	□	1582	**deal**	图程度；量；取引 働を分ける；扱う(with)	
□	□	1583	**prepare**	働 (を) 準備する	
□	□	1584	**provide**	働を提供する；養う (for)	
□	□	1585	**supply** ⚠ p は 2 つ	图供給 (量)；必需品 働を供給する	
□	□	1586	**reason** ⚠ ea のつづりに注意	图理由	
□	□	1587	**expensive**	形高価な	
□	□	1588	**purpose** ⚠ ur のつづりに注意	图目的	
□	□	1589	**challenge** ⚠ l は 2 つ	图難問；挑戦 働 (考え など) に異議を唱える	
□	□	1590	**exactly**	副ちょうど；正確に	

こう。

Step 3　単語を隠して書こう。

☐ (1) 何も指示は与えられなかった。

No instructions were _____.

☐ (2) 彼女は花柄のドレスを持っている。

She has a dress with a flower _____.

☐ (3) その登山は本当に難しいものだった。

Climbing the mountain was a real _____.

☐ (4) あなたの率直な返事をお聞かせください。

We need your _____ answer.

☐ (5) すばらしい成績を取った。

I got a _____ score.

☐ (6) グレッグは上手にサッカーボールを操った。

Greg _____ the soccer ball well.

☐ (7) あなたのジャケットは高かったですか。

Was your jacket _____?

☐ (8) あなたはその仕事に対処できますか。

Can you _____ with the work?

解答 (1) provided (2) pattern (3) challenge (4) direct (5) great
(6) controlled (7) expensive (8) deal

☐ (9) 日記をつけていますか。

Do you keep a _____?

☐ (10) 飲み物に氷が欲しいですか。

Do you want _____ in your drink?

☐ (11) 私は定期的なバイオリンのレッスンを受けている。

I have _____ violin lessons.

☐ (12) 私はパーティーの準備をしている。

I'm _____ for the party.

☐ (13) 私たちの新しい歌を録音しましょう。

Let's _____ our new song.

☐ (14) ちょうど 50 ドルになる。

That comes to _____ 50 dollars.

☐ (15) 私たちには豊富な水の供給がある。

we have a good _____ of water.

☐ (16) 遅刻の理由はありますか。

Do you have a _____ for being late?

解答 (9) diary (10) ice (11) regular (12) preparing (13) record
(14) exactly (15) supply (16) reason

☐ **Step 1** 🔊 音声を聞いて，単語の発音を確認しよう。

Step2 Step3		単 語	意 味	**Step 2** つづりを確認しな
☐ ☐	1591	**until** ⚠ a ではなく u	前 ～まで (ずっと) 接 …するまで (ずっと)	
☐ ☐	1592	**normal**	形 標準の；正常な 名 標準	
☐ ☐	1593	**athlete**	名 運動選手；アスリート	
☐ ☐	1594	**however**	副 しかしながら；どんなに…であっても	
☐ ☐	1595	**whatever**	代 …することは何でも；何が…しようとも	
☐ ☐	1596	**raise** ⚠ ei ではなく ai	動 を上げる；を育てる	
☐ ☐	1597	**grow**	動 成長する；を育てる	
☐ ☐	1598	**develop**	動 を発達させる；を開発する	
☐ ☐	1599	**temperature** ⚠ n ではなく m	名 温度；体温	
☐ ☐	1600	**would** ⚠ oul のつづりに注意	助 …だろう	
☐ ☐	1601	**die** ⚠ ie のつづりに注意	動 死ぬ	
☐ ☐	1602	**low**	形 低い 副 低く	
☐ ☐	1603	**deep**	形 深い 副 深く	
☐ ☐	1604	**level** ⚠ b ではなく v	名 レベル；水準	
☐ ☐	1605	**grade**	名 等級；学年；(学科の) 成績	
☐ ☐	1606	**degree**	名 程度；(温度などの)度；学位	
☐ ☐	1607	**even**	副 … (で) さえ	
☐ ☐	1608	**complete** ⚠ n ではなく m	形 完全な；まったくの；完了した	
☐ ☐	1609	**achieve** ⚠ ch のつづりに注意	動 を成し遂げる；を獲得する	

こう。

Step3 単語を隠して書こう。

		単語	意味	**Step 2** つづりを確認しな
☐ ☐	1610	**perform**	動 (仕事など) を行う； (を) 上演する	_____
☐ ☐	1611	**kilometer**	名 キロメートル	_____
☐ ☐	1612	**meter**	名 メートル	_____
☐ ☐	1613	**centimeter** ▲ s ではなく c	名 センチメートル	_____
☐ ☐	1614	**kilogram**	名 キログラム	_____
☐ ☐	1615	**gram**	名 グラム	_____
☐ ☐	1616	**quality**	名 質；特性	_____
☐ ☐	1617	**perfect**	形 完全な	_____
☐ ☐	1618	**excellent** ▲ l は 2 つ	形 非常に優れた	_____
☐ ☐	1619	**major**	形 主要な；大部分の 動 専攻する 名 専攻科目	_____
☐ ☐	1620	**basic**	形 基礎の 名 複 基礎 知識	_____
☐ ☐	1621	**elementary**	形 初歩の	_____
☐ ☐	1622	**bottom** ▲ t は 2 つ	名 底；最下部	_____
☐ ☐	1623	**limit**	動 を制限する 名 制限；限界	_____

☐ (1) 私たちは学園祭で劇を上演した。

We _____ a play at the school festival.

☐ (2) 今日は暑い。しかし，風は涼しい。

It's hot today. _____, the wind is cool.

☐ (3) 私は 200 グラムのチョコレートバーを買った。

I bought a 200-_____ chocolate bar.

☐ (4) 私は真夜中までずっとゲームをした。

I played games _____ midnight.

☐ (5) 100 メートルくらい行って左に曲がって。

Go about 100 _____ and turn left.

☐ (6) 準備ができたら手を挙げなさい。

_____ your hand if you're ready.

☐ (7) どの程度までこの計画を変更してもいいですか。

To what _____ can I change this plan?

☐ (8) これは日本の普通の飲み物だ。

This is a _____ drink in Japan.

☐ (9) 私は次のレベルを試してみたい。

I want to try the next _____.

解答 (1) performed (2) However (3) gram (4) until (5) meters (6) Raise (7) degree (8) normal (9) level

☐ ⑽ 宿題は終わっていませんよ！

Your homework is not ⎯⎯⎯⎯⎯⎯⎯⎯⎯⎯⎯⎯!

☐ ⑾ 去年私は 8 センチ大きくなった。

I ⎯⎯⎯⎯⎯⎯⎯ 8 cm last year.

☐ ⑿ 私は言いたいことを何でも言うでしょう。

I will say ⎯⎯⎯⎯⎯⎯⎯⎯⎯⎯⎯ I want.

☐ ⒀ 気をつけて！　ここは水が深くなっています。

Be careful!　The water here is ⎯⎯⎯⎯⎯⎯⎯⎯⎯.

☐ ⒁ あなたは何年生ですか。

What ⎯⎯⎯⎯⎯⎯⎯⎯ are you in?

☐ ⒂ 市は川のそばの土地を開発している。

The city is ⎯⎯⎯⎯⎯⎯⎯⎯⎯⎯⎯ land near the river.

☐ ⒃ 気温は現在 30 度だ。

The ⎯⎯⎯⎯⎯⎯⎯⎯⎯⎯⎯⎯ is now 30℃.

☐ ⒄ それを弱火で数分間調理して。

Cook it for a few minutes at ⎯⎯⎯⎯⎯⎯⎯ heat.

☐ ⒅ 手伝ってくださいませんか。

⎯⎯⎯⎯⎯⎯⎯⎯ you help me?

解答　⑽ complete　⑾ grew　⑿ whatever　⒀ deep　⒁ grade
⒂ developing　⒃ temperature　⒄ low　⒅ Would

☐ **Step 1** 🔊 音声を聞いて，単語の発音を確認しよう。

Step2	Step3		単語	意味	**Step 2** つづりを確認しな
☐	☐	1624	ability	图能力	
☐	☐	1625	disability	图障がい	
☐	☐	1626	talent	图才能 (ある人々)	
☐	☐	1627	possible ▲s は 2 つ	形 (実現) 可能な	
☐	☐	1628	impossible ▲n ではなく m。s は 2 つ	形不可能な	
☐	☐	1629	likely	形ありそうな 副たぶん	
☐	☐	1630	psychologist ▲p を忘れない	图心理学者	
☐	☐	1631	relationship	图関係；親密な関係	
☐	☐	1632	chain	图鎖；束縛；連鎖；チェーン (店)	
☐	☐	1633	hotel	图ホテル	
☐	☐	1634	stretch	動を(引き)伸ばす；身体を伸ばす 图広がり	
☐	☐	1635	lift	動を持ち上げる 图リフト	
☐	☐	1636	physically ▲f ではなく ph	副身体的に；物理 (学)的に	
☐	☐	1637	medical ▲k ではなく c	形医学の；医療の	
☐	☐	1638	office ▲f は 2 つ	图会社；事務所	
☐	☐	1639	sense	图感覚；意味；思慮	
☐	☐	1640	exercise	图運動；練習；課題 動運動する	
☐	☐	1641	effort ▲f は 2 つ	图努力	
☐	☐	1642	any	形 (否定文) 少しも (〜ない)	

こう。

Step3 単語を隠して書こう。

			単語	意味	**Step2** つづりを確認しな
☐	☐	1643	positive	形積極的な；肯定的な；よい；確信して	
☐	☐	1644	confident	形自信のある；確信している	
☐	☐	1645	confidence ⚠ se ではなく ce	名自信；信頼	
☐	☐	1646	pride	名誇り；自慢	
☐	☐	1647	certain ⚠ s ではなく c	形確かな；(名の前で)ある～	
☐	☐	1648	negative	形否定的な；消極的な	
☐	☐	1649	marathon ⚠ th のつづりに注意	名マラソン	
☐	☐	1650	track	名(陸上競技の)トラック；小道	
☐	☐	1651	jog	動ジョギングする	
☐	☐	1652	badminton	名バドミントン	
☐	☐	1653	tennis ⚠ n は2つ	名テニス	
☐	☐	1654	racket	名ラケット	
☐	☐	1655	table tennis	名卓球	
☐	☐	1656	baseball	名野球	
☐	☐	1657	ball	名ボール	
☐	☐	1658	glove	名手袋；グローブ	
☐	☐	1659	steal	動を盗む；こっそり動く　名盗塁	
☐	☐	1660	basketball	名バスケットボール	
☐	☐	1661	basket	名かご；バスケット	

		単語	意味	**Step2** つづりを確認しな
☐ ☐	1662	**volleyball** ▲ l は 2 つずつ	图 バレーボール	
☐ ☐	1663	**attack** ▲ t は 2 つ	動 を攻撃する 图 攻撃	
☐ ☐	1664	**soccer**	图 サッカー	
☐ ☐	1665	**goal** ▲ a を忘れない	图 ゴール；目標	
☐ ☐	1666	**shoot**	動 （を）撃つ；（に） シュートする	
☐ ☐	1667	**gun** ▲ a ではなく u	图 拳銃	
☐ ☐	1668	**football**	图 フットボール	
☐ ☐	1669	**foot**	图 足；（長さの単位） フィート	
☐ ☐	1670	**cricket**	图 クリケット	
☐ ☐	1671	**cycling**	图 サイクリング	
☐ ☐	1672	**hockey** ▲ ck のつづりに注意	图 ホッケー	
☐ ☐	1673	**rugby** ▲ a ではなく u	图 ラグビー	
☐ ☐	1674	**skate**	動 スケートをする	
☐ ☐	1675	**ski**	图 スキー（の板） 動 スキーをする	
☐ ☐	1676	**surf**	動 サーフィンをする	
☐ ☐	1677	**coach** ▲ oa のつづりに注意	图 監督；コーチ	
☐ ☐	1678	**judge** ▲ d を忘れない	動 を判断する；を裁く 图 裁判官；審判	
☐ ☐	1679	**champion** ▲ ch のつづりに注意	图 チャンピオン	
☐ ☐	1680	**medal**	图 メダル	

Step2 Step3		単語	意味	**Step 2** つづりを確認しな
☐ ☐	1681	**gym** ⚠ i ではなく y	图体育館；ジム	
☐ ☐	1682	**stadium** ⚠ am ではなく um	图競技場；スタジアム	

Step4 次の日本文にあった英文になるように，空所に適切な語を入れよう。

☐ (1) 確かですか。

Are you ＿＿＿＿＿＿＿＿＿？

☐ (2) スージーと話すことはできますか。

Is it ＿＿＿＿＿＿＿＿ to speak to Suzy?

☐ (3) あの生徒はよいセンスをしている。

That student has good ＿＿＿＿＿＿.

☐ (4) あなたはいつもとても前向きですね。

You are always very ＿＿＿＿＿＿＿.

☐ (5) 私はペットを1匹も飼っていない。

I don't have ＿＿＿＿＿ pets.

☐ (6) 彼は自分の作品に誇りを持っている。

He takes ＿＿＿＿＿ in his work.

☐ (7) 私たちはすてきなホテルに滞在した。

We stayed in a nice ＿＿＿＿＿.

- -

解答 (1) certain　(2) possible　(3) sense　(4) positive　(5) any
(6) pride　(7) hotel

☐ (8) 学校の事務室は今日は閉まっている。

The school ＿＿＿＿＿＿＿ is closed today.

☐ (9) 私はこの答えに自信がある。

I'm ＿＿＿＿＿＿＿ about this answer.

☐ (10) 私はもっと運動する必要がある。

I need to get more ＿＿＿＿＿＿＿.

☐ (11) 私の兄〔弟〕は医学生だ。

My brother is a ＿＿＿＿＿＿＿ student.

☐ (12) ランディは報告書を仕上げるのに大変な努力をした。

Randy made a great ＿＿＿＿＿＿＿ to finish his report.

☐ (13) その鎖は破壊された。

The ＿＿＿＿＿＿＿ was broken.

☐ (14) 白組が勝ちそうだ。

The white team is ＿＿＿＿＿＿＿ to win.

解答 (8) office　(9) confident　(10) exercise　(11) medical　(12) effort
(13) chain　(14) likely

☐ **Step 1** 🔊 音声を聞いて，単語の発音を確認しよう。

Step2	Step3		単語	意味	**Step 2** つづりを確認しなが
☐	☐	1683	**half**	图半分 圈半分の	
☐	☐	1684	**job**	图仕事；職	
☐	☐	1685	**task**	图課題；(やるべき) 仕事；任務	
☐	☐	1686	**project**	图計画 動を計画する；を映し出す	
☐	☐	1687	**plan**	動 (を) 計画する 图計画	
☐	☐	1688	**program**	图番組；プログラム；計画	
☐	☐	1689	**hobby** ▲ b は 2 つ	图趣味	
☐	☐	1690	**thin**	圈薄い；細い；(病気などで) やせた	
☐	☐	1691	**thick**	圈 (分) 厚い；太い；(液体・気体が) 濃い	
☐	☐	1692	**fact**	图事実	
☐	☐	1693	**data**	图 (単複両扱い) 情報；データ	
☐	☐	1694	**evidence**	图証拠；形跡	
☐	☐	1695	**phenomenon** ▲ f ではなく ph	图現象	
☐	☐	1696	**anything**	代 (疑問文) 何か；(否定文) 何も (…ない)	
☐	☐	1697	**anybody**	代 (疑問文) 誰か；(否定文) 誰も (…ない)	
☐	☐	1698	**anyone**	代 (疑問文) 誰か；(否定文) 誰も (…ない)	
☐	☐	1699	**anyway**	副とにかく	
☐	☐	1700	**anywhere**	副 (否定文) どこにも (…ない)	
☐	☐	1701	**anymore**	副 (否定・疑問文) もはや (…できない)	

こう。

Step3 単語を隠して書こう。

		単 語	意 味	**Step 2** つづりを確認しな
☐ ☐	1702	**fit**	動 (大きさなどが)(に)合う　形適した	_____
☐ ☐	1703	**soon**	副まもなく	_____
☐ ☐	1704	**effect** ⚠ f は2つ	名影響；効果；結果	_____
☐ ☐	1705	**impact** ⚠ n ではなく m	名影響；衝撃；衝突	_____
☐ ☐	1706	**influence** ⚠ se ではなく ce	名影響；影響力 動に影響を及ぼす	_____
☐ ☐	1707	**mysterious** ⚠ mi ではなく my	形不思議な；神秘的な	_____
☐ ☐	1708	**clear**	形明らかな；よく晴れた；澄んだ　動を片づける	_____
☐ ☐	1709	**plain** ⚠ plane と間違えない	形明白な；易しい；地味な　名平原	_____

Step 4 次の日本文にあった英文になるように，空所に適切な語を入れよう。ただし語頭が与

☐ (1) 私の趣味は漫画を描くことだ。

My _____ is drawing manga.

☐ (2) 私たちは地震の影響を感じた。

We felt the e_____ of the earthquake.

☐ (3) クリスマスに何か手に入れましたか。

Did you get _____ for Christmas?

☐ (4) あなたの仕事は何ですか。

What is your _____?

解答 (1) hobby　(2) effect(s)　(3) anything　(4) job

れている場合は，その文字で始めること。

☐ (5) その水はとても澄んでいる。

The water is very _____.

☐ (6) 誰かサッカーの練習に行きますか。

Is _____ going to soccer practice?

☐ (7) 私たちは週末の計画を立てるべきだ。

We should make a _____ for the weekend.

☐ (8) 田中さんはもうそこには住んでいない。

Mr. Tanaka doesn't live there _____.

解答 (5) clear (6) anyone 〔anybody〕 (7) plan (8) anymore

□ **Step 1** 🔊 音声を聞いて，単語の発音を確認しよう。

Step2	Step3		単 語	意 味	**Step 2** つづりを確認しな~
□	□	1710	**afternoon**	图午後	
□	□	1711	**noon**	图正午	
□	□	1712	**evening**	图夕方	
□	□	1713	**giant**	图巨人；偉人　形巨大な	
□	□	1714	**hero**	图英雄；(小説などの)主人公	
□	□	1715	**garden**	图庭(園)	
□	□	1716	**soil**	图土(壌)；土地	
□	□	1717	**soft**	形柔らかい；穏やかな	
□	□	1718	**smooth**	形なめらかな；順調な	
□	□	1719	**star**	图星	
□	□	1720	**shine**	動輝く	
□	□	1721	**planet**	图惑星	
□	□	1722	**earth**	图 (通例the) 地球；地面	
□	□	1723	**moon**	图 (通例the) 月	
□	□	1724	**space** ⚠ se ではなく ce	图空間；宇宙	
□	□	1725	**spaceship**	图宇宙船	
□	□	1726	**universe**	图 (the) 宇宙；全世界	
□	□	1727	**astronaut** ⚠ au のつづりに注意	图宇宙飛行士	
□	□	1728	**pretty** ⚠ t は 2 つ	形かわいらしい 副かなり	

こう。 | **Step 3** 単語を隠して書こう。

		単 語	意 味	**Step2** つづりを確認しな
☐ ☐	1729	cute	形かわいい	
☐ ☐	1730	blossom	名 (果樹の) 花	
☐ ☐	1731	autumn ▲最後の n を忘れない	名秋	
☐ ☐	1732	rich	形豊かな；裕福な	
☐ ☐	1733	fortune	名財産；運；運命	
☐ ☐	1734	unfortunately	副不幸にも	
☐ ☐	1735	fruit ▲i を忘れない	名果物；果実	
☐ ☐	1736	sing	動 (を) 歌う；鳴く	
☐ ☐	1737	order	名注文；命令；順序 動を注文する	
☐ ☐	1738	row	名 (横の)列　動 (船を) こぐ	
☐ ☐	1739	listen ▲発音しない t に注意	動 (耳を傾けて) 聴く	
☐ ☐	1740	apple ▲p は 2 つ	名リンゴ	
☐ ☐	1741	orange	名オレンジ (色) 形オレンジ (色) の	
☐ ☐	1742	banana	名バナナ	
☐ ☐	1743	lemon	名レモン	
☐ ☐	1744	strawberry	名イチゴ	
☐ ☐	1745	peach ▲ea のつづりに注意	名モモ	
☐ ☐	1746	cherry	名サクランボ；桜の木	
☐ ☐	1747	melon	名メロン	

Step 3 単語を隠して書こう。

			単 語	意 味	**Step2** つづりを確認しな〜
☐	☐	1748	**grape**	图ブドウ	
☐	☐	1749	**vegetable** ⚠最初は b でなく v	图野菜	
☐	☐	1750	**corn**	图トウモロコシ	
☐	☐	1751	**cucumber** ⚠n ではなく m	图キュウリ	
☐	☐	1752	**carrot**	图ニンジン	
☐	☐	1753	**onion**	图タマネギ	
☐	☐	1754	**cabbage** ⚠b は2つ	图キャベツ	
☐	☐	1755	**lettuce** ⚠t は2つ。a ではなく u	图レタス	
☐	☐	1756	**tomato**	图トマト	
☐	☐	1757	**mushroom** ⚠a ではなく u。o は2つ	图キノコ	
☐	☐	1758	**potato**	图ジャガイモ	
☐	☐	1759	**egg**	图卵	
☐	☐	1760	**meat** ⚠ea のつづりに注意	图肉	
☐	☐	1761	**beef**	图牛肉	
☐	☐	1762	**pork**	图豚肉	
☐	☐	1763	**chicken** ⚠2つ目の c を忘れない	图ニワトリ；とり肉	
☐	☐	1764	**bacon**	图ベーコン	
☐	☐	1765	**ham**	图ハム	
☐	☐	1766	**sausage**	图ソーセージ	

		単語	意味	**Step 2** つづりを確認しな
☐ ☐	1767	**rice** ⚠ se ではなく ce	图米	
☐ ☐	1768	**bread** ⚠ ea のつづりに注意	图パン	
☐ ☐	1769	**toast**	图トースト	
☐ ☐	1770	**honey**	图ハチミツ	
☐ ☐	1771	**jam**	图ジャム；込み合い 動を詰め込む	
☐ ☐	1772	**butter** ⚠ a ではなく u。t は 2 つ	图バター	
☐ ☐	1773	**milk**	图ミルク；牛乳	
☐ ☐	1774	**yogurt**	图ヨーグルト	
☐ ☐	1775	**cheese**	图チーズ	
☐ ☐	1776	**cake**	图ケーキ	
☐ ☐	1777	**biscuit** ⚠ cuit のつづりに注意	图ビスケット	
☐ ☐	1778	**candy**	图キャンディ	
☐ ☐	1779	**cereal** ⚠ s ではなく c	图シリアル；穀物	
☐ ☐	1780	**cookie**	图クッキー	
☐ ☐	1781	**snack**	图軽食；スナック菓子	
☐ ☐	1782	**cream**	图クリーム	
☐ ☐	1783	**ice cream**	图アイスクリーム	
☐ ☐	1784	**jelly**	图ゼリー	
☐ ☐	1785	**juice** ⚠ i を忘れない	图ジュース；汁	

Step 3 単語を隠して書こう。

Step2	Step3		単語	意味	**Step2** つづりを確認しなか
☐	☐	1786	soda	名ソーダ	
☐	☐	1787	tea ⚠ ea に注意	名茶	
☐	☐	1788	coffee ⚠ f, e は2つずつ	名コーヒー	
☐	☐	1789	beer	名ビール	
☐	☐	1790	wine	名ワイン	
☐	☐	1791	pepper	名コショウ	
☐	☐	1792	sauce ⚠ se ではなく ce	名ソース	
☐	☐	1793	ingredient	名(料理などの) 材料； 成分	

Step4 次の日本文にあった英文になるように，空所に適切な語を入れよう。ただし語頭が与

☐ (1) 一緒にこの歌を歌いましょう。

Let's ＿＿＿＿＿ this song together.

☐ (2) この庭園は美しい花であふれている。

This ＿＿＿＿＿ is full of beautiful flowers.

☐ (3) 私は宇宙へ行くことを夢見ている。

I dream of going into ＿＿＿＿＿.

☐ (4) 5年後どうしたらお金持ちになれますか。

How can I become ＿＿＿＿＿ in five years?

☐ (5) 午後に2科目授業がある。

I have two classes in the ＿＿＿＿＿.

解答 (1) sing (2) garden (3) space (4) rich (5) afternoon

こう。	Step3 単語を隠して書こう。

れている場合は，その文字で始めること。

☐ (6) そのピンクの花はかわいい。

The pink flowers are p＿＿＿＿＿.

☐ (7) この歌を聴きなさい。

＿＿＿＿＿ to this song.

☐ (8) 今日の夕方出かけませんか。

Why don't we go out this ＿＿＿＿＿?

☐ (9) 今晩星はいくつくらい見えますか。

How many ＿＿＿＿＿ can you see tonight?

☐ (10) 料理を注文したいのですが。

Can I ＿＿＿＿＿ some food?

解答 (6) pretty (7) Listen (8) evening (9) stars (10) order

□ **Step1** 🔊 音声を聞いて，単語の発音を確認しよう。

Step2 Step3		単 語	意 味	**Step2** つづりを確認しなが
□ □	1794	**absence** ⚠最後は se ではなく ce	图不在；欠席	
□ □	1795	**lack**	图不足 動を欠いている	
□ □	1796	**abroad** ⚠oa のつづりに注意	副外国〔海外〕に〔へ；で〕	
□ □	1797	**overseas** ⚠最後の s を忘れない	副海外へ〔で〕 形海外の	
□ □	1798	**passport** ⚠s は 2 つ	图パスポート	
□ □	1799	**own** ⚠u ではなく w	形自分自身の 動を所有している	
□ □	1800	**belong**	動所属している	
□ □	1801	**castle** ⚠発音しない t に注意	图城	
□ □	1802	**village**	图村	
□ □	1803	**loud** ⚠ou のつづりに注意	形 (声・音が) 大きい	
□ □	1804	**nobody** ⚠ba ではなく bo	代誰も…ない	
□ □	1805	**wall** ⚠o ではなく a。l は 2 つ	图壁；塀	
□ □	1806	**round**	前の周りに 副周りに 形丸い	
□ □	1807	**surround** ⚠r は 2 つ	動を囲む	
□ □	1808	**enter**	動 (に) 入る；に入学する	
□ □	1809	**selfish**	形利己的な	
□ □	1810	**self**	图自己	

こう。

Step 3 単語を隠して書こう。

☐　(1) あの車はうるさすぎる。

That car is too ＿＿＿＿＿＿.

☐　(2) この夏は海外へ行こう。

Let's go a ＿＿＿＿＿＿ this summer.

☐　(3) 私の兄が部屋に入った。

My brother ＿＿＿＿＿＿ the room.

☐　(4) 彼は 10 年ぶりに帰国した。

He returned home after an ＿＿＿＿＿＿ of ten years.

☐　(5) 有力な王がこの城に住んでいた。

A powerful king lived in this ＿＿＿＿＿＿.

☐　(6) 山がその村を囲んでいる。

Mountains ＿＿＿＿＿＿ the village.

☐　(7) あの塀のそばで会いましょう。

I will meet you by that ＿＿＿＿＿＿.

☐　(8) パスポートを見せてください。

Please show me your ＿＿＿＿＿＿.

☐　(9) マンホールのふたがなぜ丸いか知っていますか。

Do you know why manhole covers are ＿＿＿＿＿＿?

- -

解答　(1) loud　(2) abroad　(3) entered　(4) absence
(5) castle　(6) surround　(7) wall　(8) passport　(9) round

れている場合は，その文字で始めること。

☐ ⑽ そんなことをするなんて君はわがままだ。

You are ＿＿＿＿＿＿ to do such a thing.

☐ ⑾ 私のネコは運動不足で太っている。

My cat is fat from ＿＿＿＿ of exercise.

☐ ⑿ その本は私のものだ。

That book ＿＿＿＿＿ to me.

☐ ⒀ 今日は誰も学校に遅刻をしなかった。

＿＿＿＿＿＿ was late for school today.

☐ ⒁ 私の祖父母は小さな村に住んでいる。

My grandparents live in a small ＿＿＿＿＿.

☐ ⒂ 彼はまたもとの自分に戻った。

He is his old ＿＿＿ again.

☐ ⒃ 将来海外で暮らす予定ですか。

Will you live o＿＿＿＿ in the future?

☐ ⒄ 私は自分自身の車を持っていない。

I don't have my ＿＿＿ car.

解答 ⑽ selfish ⑾ lack ⑿ belongs ⒀ Nobody
⒁ village ⒂ self ⒃ overseas ⒄ own

□ **Step1** ◀⑀ 音声を聞いて，単語の発音を確認しよう。

Step2	Step3		単 語	意 味	**Step2** つづりを確認しな
□	□	1811	poor	形貧しい；かわいそうな；下手な	
□	□	1812	pour	動を注ぐ；(雨が) 激しく降る；流れ出る	
□	□	1813	road	名道 (路)	
□	□	1814	street	名通り	
□	□	1815	path ▲ th のつづりに注意	名小道	
□	□	1816	lane	名小道；車線	
□	□	1817	full	形いっぱいの；完全な	
□	□	1818	fill	動を満たす	
□	□	1819	empty	形空の	
□	□	1820	stone	名石	
□	□	1821	rock	名岩	
□	□	1822	lock ▲ ck のつづりに注意	名動錠 (をかける)	
□	□	1823	lesson	名授業；課；教訓	
□	□	1824	over	前の上に；を越えて 副越えて；終わって	
□	□	1825	still	副 (今でも) まだ 形静かな	
□	□	1826	quiet	形静かな	
□	□	1827	winter	名冬	
□	□	1828	forget	動 (を) 忘れる	
□	□	1829	open	動を開ける；開く 形開いている；公開の	

う。

Step 3 単語を隠して書こう。

			単語	意味	**Step 2** つづりを確認しな
Step2	Step3				
☐	☐	1830	**free**	形自由な；暇な；無料の	
☐	☐	1831	**close** ⚠ cloth と間違えない	動を閉じる；閉まる 形接近した [klóus]〈クロウス〉	
☐	☐	1832	**head**	名頭（脳）	
☐	☐	1833	**headache** ⚠ k ではなく ch	名頭痛	
☐	☐	1834	**stomachache** ⚠ k ではなく ch	名腹痛	
☐	☐	1835	**off**	副離れて 前から離れて	

Step 4 次の日本文にあった英文になるように，空所に適切な語を入れよう。ただし語頭が与

☐ (1) どうぞ静かにしてください。

Please be _____.

☐ (2) このコップはいっぱいだ。

This glass is _____.

☐ (3) 今日は何時間授業があるの？

How many _____ do you have today?

☐ (4) 私がドアを開けましょう。

Let me _____ the door for you.

☐ (5) その店は通りの端にある。

The store is at the end of the s_____.

解答 (1) quiet (2) full (3) lessons (4) open (5) street

Step3 単語を隠して書こう。

れている場合は，その文字で始めること。

(6) 数字を忘れた。

I _____ the code.

(7) 今日は頭が痛い。

My _____ hurts today.

(8) 私は画面の上にカバーをかけた。

I put a cover _____ the screen.

(9) この道は駅に通じている。

This r_____ goes to the station.

(10) 彼はまだここにいない。

He is _____ not here.

解答 (6) forgot (7) head (8) over (9) road (10) still

☐ **Step 1** 🔊 音声を聞いて，単語の発音を確認しよう。

Step2	Step3		単語	意味	**Step 2** つづりを確認しな…
☐	☐	1836	frost	图霜	
☐	☐	1837	cover	動を覆う；を含む 图覆い	
☐	☐	1838	hide	動を隠す	
☐	☐	1839	mask	图マスク；仮面 動(事実・感情など) を隠す	
☐	☐	1840	bury	動(死者や物)を埋める	
☐	☐	1841	paint	動(絵の具で)を描く；を(…に)塗る 图ペンキ	
☐	☐	1842	silver	形銀(色)の 图銀	
☐	☐	1843	invite ▲ b ではなく v	動を招待する	
☐	☐	1844	wind	图風	
☐	☐	1845	blow	動(風が)吹く	
☐	☐	1846	wonderful ▲ a ではなく o	形すばらしい	
☐	☐	1847	fantastic	形すてきな；架空の	
☐	☐	1848	terrible ▲ r は 2 つ	形恐ろしい；ひどい	
☐	☐	1849	spot	图場所；斑点	
☐	☐	1850	must ▲ a ではなく u	助…しなければならない；…に違いない	
☐	☐	1851	dress	動に服を着せる；服を着る 图服(装)	
☐	☐	1852	breath ▲ ea のつづりに注意	图息；呼吸	
☐	☐	1853	roof	图屋根	
☐	☐	1854	shirt	图ワイシャツ	

こう。

Step 3 単語を隠して書こう。

Step2	Step3		単語	意味	**Step 2** つづりを確認しな
☐	☐	1855	T-shirt	图Tシャツ	
☐	☐	1856	button ⚠tは2つ	图ボタン	
☐	☐	1857	sweater ⚠ea のつづりに注意	图セーター	
☐	☐	1858	ribbon ⚠bは2つ	图リボン	
☐	☐	1859	scarf	图スカーフ	
☐	☐	1860	tie	图ネクタイ；きずな 動を結ぶ；をつなぐ	
☐	☐	1861	skirt	图スカート	
☐	☐	1862	jeans ⚠ea のつづりに注意	图ジーンズ	
☐	☐	1863	pants	图ズボン	
☐	☐	1864	pocket	图ポケット	
☐	☐	1865	belt	图ベルト	
☐	☐	1866	shoe ⚠oo ではなく oe	图複靴	
☐	☐	1867	sock	图複靴下	
☐	☐	1868	hat	图 (ふちのある) 帽子	
☐	☐	1869	cap	图 (ふちのない) 帽子	
☐	☐	1870	coat ⚠oa のつづりに注意	图コート	
☐	☐	1871	jacket ⚠ck のつづりに注意	图上着	
☐	☐	1872	handkerchief ⚠発音しない d に注意	图ハンカチ	
☐	☐	1873	apron	图エプロン	

Step2	Step3		単語	意味	**Step 2** つづりを確認しなか
☐	☐	1874	thread	图糸	
☐	☐	1875	silk	图絹	
☐	☐	1876	style	图様式；型	
☐	☐	1877	size	图大きさ	
☐	☐	1878	costume	图(職業・階級などに特有の)服装	
☐	☐	1879	fashion	图流行(の服)；やり方；流儀	
☐	☐	1880	brand	图銘柄；ブランド	

Step 4　次の日本文にあった英文になるように，空所に適切な語を入れよう。ただし語頭が与

☐　(1) この絵はすばらしい。

This picture is w _____ .

☐　(2) このクロスでテーブルを覆いましょう。

Let's _____ the table with this cloth.

☐　(3) 私たちは午後 6 時までに学校を出なければならない。

We _____ leave school by 6 p.m.

☐　(4) 私のペンケースを隠した？

Did you _____ my pen case?

☐　(5) 私はケンをパーティーに招待した。

I _____ Ken to the party.

解答　(1) wonderful　(2) cover　(3) must　(4) hide　(5) invited

れている場合は，その文字で始めること。

□ ⑹ 私の妹はまだ 1 人で服を着ることができない。

My little sister can't ＿＿＿＿＿ herself yet.

□ ⑺ ここはピクニックにはとてもよい場所だ。

This is a great ＿＿＿＿＿ for a picnic.

□ ⑻ 恐ろしい嵐がやって来ている。

A ＿＿＿＿＿ storm is coming.

□ ⑼ 今日は風が強い。

The ＿＿＿＿＿ is strong today.

□ ⑽ 私は部屋を青に塗った。

I ＿＿＿＿＿ my room blue.

解答 ⑹ dress ⑺ spot ⑻ terrible ⑼ wind ⑽ painted

□ **Step1** 🔈 音声を聞いて，単語の発音を確認しよう。

Step2	Step3		単語	意味	**Step2** つづりを確認しなが
□	□	1881	yet	副 (否定文) まだ；(疑問文) もう	
□	□	1882	though ⚠発音しない gh に注意	接 …だけれども	
□	□	1883	although	接 …だけれども	
□	□	1884	window	名 窓	
□	□	1885	frame	名 (窓などの) 枠；(絵などの) 額縁；骨組み	
□	□	1886	weather	名 天気	
□	□	1887	climate	名 (年間を通じての) 気候	
□	□	1888	summer ⚠a ではなく u。m は 2 つ	名 夏	
□	□	1889	firework	名 花火	
□	□	1890	either	副 (否定文) ～もまた (…ない) 形 どちらの～	
□	□	1891	whether	接 (…する) かどうか	
□	□	1892	golden	形 金色の	
□	□	1893	dance	動 (を) 踊る 名 ダンス	
□	□	1894	warm ⚠o ではなく a	形 暖かい	
□	□	1895	heat	名 熱；暑さ 動 を熱する	
□	□	1896	cool	形 涼しい；冷静な；かっこいい	
□	□	1897	dry	形 乾いた 動 を乾かす	
□	□	1898	wet	形 湿った；ぬれた	
□	□	1899	sun ⚠a ではなく u	名 (通例 the) 太陽	

こう。	**Step3** 単語を隠して書こう。

		単語	意味	**Step 2** つづりを確認しなが
☐ ☐	1900	**sunlight** ⚠ a ではなく u	图日光	
☐ ☐	1901	**sunshine**	图日光；日なた	
☐ ☐	1902	**sunrise**	图日の出	
☐ ☐	1903	**sunset**	图日没	
☐ ☐	1904	**solar**	形太陽の	
☐ ☐	1905	**cloud**	图雲	
☐ ☐	1906	**rain**	图雨　動雨が降る	
☐ ☐	1907	**raincoat**	图レインコート	
☐ ☐	1908	**umbrella** ⚠ n ではなく m。l は 2 つ	图傘	
☐ ☐	1909	**snow**	图雪　動雪が降る	
☐ ☐	1910	**storm**	图嵐	
☐ ☐	1911	**tornado**	图竜巻	

こう。

Step 3　単語を隠して書こう。

☐ (1) あとで窓を掃除します。

I'll clean the ＿＿＿＿＿＿＿ later.

☐ (2) 誰が私と踊るの？

Who will ＿＿＿＿＿ with me?

☐ (3) 私たちの気候はゆっくりと温暖化している。

Our ＿＿＿＿＿＿＿ is warming slowly.

☐ (4) 夏なのに寒く感じる。

I feel cold, even ＿＿＿＿＿＿＿ it's summer.

☐ (5) 行くべきかどうかわからない。

I don't know ＿＿＿＿＿＿＿ I should go or not.

☐ (6) この夏はどこに行く予定ですか。

Where will you go this ＿＿＿＿＿＿＿?

☐ (7) イチゴかチョコレートのどちらかを食べることができます。

You can have ＿＿＿＿＿＿＿ strawberry or chocolate.

解答　(1) window(s)　(2) dance　(3) climate　(4) though　(5) whether
(6) summer　(7) either

れている場合は，その文字で始めること。

☐ (8) 彼は私に銀の額縁に入った絵を見せた。

He showed me a picture in a silver _____.

☐ (9) 彼女は金髪だ。

She has _____ hair.

☐ (10) 私はまだその映画を見ていない。

I haven't seen that movie _____.

☐ (11) 今日の天気はどうですか。

How's the _____ today?

☐ (12) 雨が降っているが，私たちはすぐに出発するつもりだ。

A _____ it is raining, we will leave soon.

☐ (13) 私は夏に花火を見るのが大好きだ。

I love watching _____ in the summer.

解答 (8) frame　(9) golden　(10) yet　(11) weather　(12) Although
(13) fireworks

☐ **Step1** 🔊 音声を聞いて，単語の発音を確認しよう。

Step2	Step3		単 語	意 味	**Step2** つづりを確認しなが
☐	☐	1912	lie	動横たわる；うそをつく 名うそ	
☐	☐	1913	lay ⚠ ay のつづりに注意	動を横たえる；を置く	
☐	☐	1914	pretend	動 (の) ふりをする	
☐	☐	1915	music	名音楽	
☐	☐	1916	classic	名傑作；古典 形第1級の；典型的な；古典の	
☐	☐	1917	artist	名芸術家；画家	
☐	☐	1918	artificial ⚠ si ではなく ci	形人工の	
☐	☐	1919	concert	名コンサート	
☐	☐	1920	chorus ⚠ a ではなく u	名合唱 (曲)	
☐	☐	1921	rhythm ⚠ 2つ入る h に注意	名リズム	
☐	☐	1922	sweet	形甘い；快い	
☐	☐	1923	ear	名耳	
☐	☐	1924	earring	名イヤリング	
☐	☐	1925	king	名王	
☐	☐	1926	queen	名女王	
☐	☐	1927	prince	名王子；君主	
☐	☐	1928	royal	形国王の；王立の	
☐	☐	1929	emperor	名皇帝	
☐	☐	1930	pass	動 (を) 通り過ぎる；(時が) 経つ	

こう。	**Step3** 単語を隠して書こう。

Step2	Step3		単語	意味	**Step 2** つづりを確認しなが
☐	☐	1931	**passenger** ⚠ s は 2 つ	图乗客	
☐	☐	1932	**seem**	動…のように思われる	
☐	☐	1933	**perfume** ⚠ r を忘れない	图香水；芳香	
☐	☐	1934	**instrument** ⚠ tru のつづりに注意	图楽器；器具	
☐	☐	1935	**drum** ⚠ a ではなく u	图たいこ；ドラム	
☐	☐	1936	**guitar** ⚠ u を忘れない	图ギター	
☐	☐	1937	**piano**	图ピアノ	
☐	☐	1938	**pianist**	图ピアニスト	
☐	☐	1939	**trumpet** ⚠ n ではなく m	图トランペット	
☐	☐	1940	**violin**	图バイオリン	
☐	☐	1941	**band**	图楽団；ひも	

Step 4 次の日本文にあった英文になるように，空所に適切な語を入れよう。

☐ ⑴ 私たちは通りでマイクを追い越した。

We _____ Mike on the street.

☐ ⑵ どんな種類の音楽が好きですか。

What kind of _____ do you like?

☐ ⑶ このキャンディーは私には甘すぎる。

This candy is too _____ for me.

解答 ⑴ passed ⑵ music ⑶ sweet

(4) 父は私の頭に手を置いた。

My father _____ his hand on my head.

(5) この質問は難しそうだ。

This question _____ difficult.

(6) 私のイヌは火のそばで横たわっている。

My dog is _____ by the fire.

解答 (4) laid　(5) seems　(6) lying

☐ **Step1** 🔊 音声を聞いて，単語の発音を確認しよう。

Step2	Step3		単 語	意 味	**Step2** つづりを確認しな...
☐	☐	1942	scene ⚠ c を忘れない	图景色；場面	
☐	☐	1943	view	图眺め；意見	
☐	☐	1944	review	動を批評する；を見直す；を復習する　图批評	
☐	☐	1945	branch	图枝；支店	
☐	☐	1946	department	图（組織の）部門；学科	
☐	☐	1947	glad	形うれしく思う	
☐	☐	1948	sad	形悲しい	
☐	☐	1949	lonely	形さびしい	
☐	☐	1950	angry	形怒った	
☐	☐	1951	wave	图波　動を振る	
☐	☐	1952	arm	图腕；(複)武器	
☐	☐	1953	army	图軍隊	
☐	☐	1954	military	形軍隊〔軍人〕の 图 (the) 軍隊	
☐	☐	1955	soldier ⚠ di のつづりに注意	图（陸軍の）軍人；戦士	
☐	☐	1956	war ⚠ o ではなく a	图戦争	
☐	☐	1957	peace ⚠ ea のつづりに注意	图平和	
☐	☐	1958	harmony	图調和	
☐	☐	1959	above	前の上に〔の〕 副上方に〔で；の〕	
☐	☐	1960	corner	图すみ；かど	

こう。

Step3 単語を隠して書こう。

		単 語	意 味	**Step 2** つづりを確認しな
☐ ☐	1961	**stand**	動立っている；をがまんする	
☐ ☐	1962	**quite**	副とても；すっかり	
☐ ☐	1963	**rather** ⚠ th のつづりに注意	副むしろ；やや；いくぶん	
☐ ☐	1964	**reach** ⚠ ea のつづりに注意	動に到着する；(に) 達する	
☐ ☐	1965	**climb** ⚠発音しない b に注意	動 (に) 登る	
☐ ☐	1966	**rise**	動上がる；昇る 名上昇	
☐ ☐	1967	**boy**	名男の子	
☐ ☐	1968	**girl**	名女の子	

Step 4 次の日本文にあった英文になるように，空所に適切な語を入れよう。

☐ (1) なぜ私に怒っているの？

Why are you ＿＿＿＿＿＿＿ with me?

☐ (2) 上の星を見て。

Look at the stars ＿＿＿＿＿＿＿.

☐ (3) 私はその映画の最終シーンを楽しんだ。

I enjoyed the final ＿＿＿＿＿＿＿ of the movie.

☐ (4) あなたにまたお会いできてとてもうれしいです。

I'm so ＿＿＿＿＿＿＿ to see you again.

解答 (1) angry (2) above (3) scene (4) glad

(5) 私たちは立っているのにうんざりしている。

We are tired of _____.

(6) 彼の家に着くのはいつですか。

When will we _____ his house?

(7) 私は体育のあと，とても疲れている。

I'm _____ tired after P.E. class.

(8) 太陽は朝昇る。

The sun _____ in the morning.

解答 (5) standing (6) reach (7) quite (8) rises

□ **Step 1** 🔊 音声を聞いて，単語の発音を確認しよう。

Step2	Step3		単 語	意 味	**Step 2** つづりを確認しな…
□	□	1969	**knock** ⚠発音しない最初のkに注意	動ノックする 图ノック	
□	□	1970	**tap**	動图(を)軽くたたく(こと)	
□	□	1971	**strike**	動にぶつかる图打撃；ストライキ	
□	□	1972	**kick** ⚠ck のつづりに注意	動(を)ける 图けること	
□	□	1973	**beat**	動をたたく；を打ち負かす 图打つこと；鼓動	
□	□	1974	**forever**	副永久に	
□	□	1975	**run** ⚠a ではなく u	動走る；(液体が)流れる；を経営する	
□	□	1976	**runner** ⚠n は 2 つ	图ランナー	
□	□	1977	**manage** ⚠2 つ目の a に注意	動を経営する；どうにか…する	
□	□	1978	**tear** ⚠ea に注意	图(通例⑱)涙 動を裂く	
□	□	1979	**top**	图(the)頂上；最上部	
□	□	1980	**summit** ⚠a ではなく u。m は 2 つ	图(the)頂上；首脳会談	
□	□	1981	**president**	图大統領；会長；《米》学長；《米》社長	
□	□	1982	**mayor** ⚠yar ではなく yor	图市長；(自治体の)長	
□	□	1983	**age** ⚠ei ではなく a	图年齢；時代 動年を取る	
□	□	1984	**agency** ⚠ei ではなく a	图代理店；(政府などの)機関	
□	□	1985	**bank**	图銀行；土手	
□	□	1986	**bow**	動おじぎをする 图おじぎ；弓[bóu]〈ボゥ〉	
□	□	1987	**character**	图性格；特徴；登場人物；文字	

こう。 | Step3 単語を隠して書こう。

			単語	意味	**Step 2** つづりを確認しな
☐	☐	1988	cost	图費用；犠牲 動(費用)がかかる	
☐	☐	1989	current ⚠ r は 2 つ	形 現在の 图(水・空気・考え方などの)流れ	
☐	☐	1990	field ⚠ ie に注意	图野原；畑；分野；競技場	
☐	☐	1991	figure	图姿；(～な)人物；図；数字	
☐	☐	1992	fine	形すばらしい；元気な；晴れた 图罰金	
☐	☐	1993	flat	形平らな；単調な 图《英》アパート	
☐	☐	1994	issue ⚠ s は 2 つ	图問題(点)；発行(物)	
☐	☐	1995	note	图メモ；《英》紙幣 動に気を配る	
☐	☐	1996	period	图期間；時代；時限；ピリオド	
☐	☐	1997	point	图論点；特色；得点 動(を)指さす	
☐	☐	1998	race ⚠ ei ではなく a	图競走；人種 動(と)競争する	
☐	☐	1999	respect	動を尊敬する 图尊敬；点	
☐	☐	2000	rest	图休憩；残り 動休む	
☐	☐	2001	ring	動(電話・ベルが)鳴る 图(指)輪	
☐	☐	2002	scale	图規模；段階；はかり；うろこ	
☐	☐	2003	stage	图舞台；(発達などの)段階	
☐	☐	2004	treat ⚠ ea に注意	動扱う；治療する 图もてなし	

☐ (1) 私たちは 2 時間で頂上に着いた。

We reached the s＿＿＿＿＿＿＿ in two hours.

☐ (2) ボールをゴールにけりなさい。

＿＿＿＿＿＿ the ball into the goal.

☐ (3) 私たちはテレビで市長を見た。

We saw the ＿＿＿＿＿ on TV.

☐ (4) 入る前にノックをしなさい！

＿＿＿＿＿ before you enter！

☐ (5) バスに向かって走りましょう。

Let's ＿＿＿＿＿ for the bus.

☐ (6) 私は山の頂上に登った。

I climbed to the t＿＿＿＿ of the mountain.

☐ (7) ボールが窓にぶつかった。

The ball ＿＿＿＿＿＿ the window.

解答 (1) summit　(2) Kick　(3) mayor　(4) Knock　(5) run
(6) top　(7) struck

れている場合は，その文字で始めること。

☐ ⑻ ここにずっと滞在してよいのですか？

Can we stay here _____ ?

☐ ⑼ 私は何とか時間内に終わらせることができた。

I _____ to finish in time.

☐ ⑽ メグは肩をトントンとたたかれたのを感じた。

Meg felt a _____ on her shoulder.

☐ ⑾ 私の目から涙が1粒落ちた。

A _____ fell from my eye.

☐ ⑿ そのランナーは新記録を樹立した。

The _____ set a new record.

☐ ⒀ 私たちのチームは相手チームを1対0で破った。

Our team _____ the other team 1-0.

> 完走おめでとう！
> よくがんばったね！
> Good job!

0　500　1000　1500　2000

解答 ⑻ forever　⑼ managed　⑽ tap　⑾ tear　⑿ runner
⒀ beat

速読英単語 中学版[改訂版]対応 書き込み式 単語ノート

初版第1刷発行…………2020年3月20日
初版第7刷発行…………2024年5月1日
編者………………………Ｚ会編集部
発行人……………………藤井孝昭
発行………………………Ｚ会
　　　　　　　　　　　　〒411-0033　静岡県三島市文教町1-9-11
　　　　　　　　　　　　【販売部門：書籍の乱丁・落丁・返品・交換・注文】
　　　　　　　　　　　　TEL 055-976-9095
　　　　　　　　　　　　【書籍の内容に関するお問い合わせ】
　　　　　　　　　　　　https://www.zkai.co.jp/books/contact/
　　　　　　　　　　　　【ホームページ】
　　　　　　　　　　　　https://www.zkai.co.jp/books/
印刷・製本………………シナノ書籍印刷株式会社
DTP ………………………株式会社 デジタルプレス